ペトロ文庫

教皇フランシスコ

識　　別

―教皇講話集―

カトリック中央協議会

目次

本書は文庫オリジナルです。

文中、聖書の引用は原則として日本聖書協会『聖書　新共同訳』（二〇〇〇年版）を使用しました。ただし、漢字・仮名の表記は本文に合わせています。他の引用につきましても、用字等、一部変更を加えた箇所があることをお断りいたします。

はじめに

本書は、教皇フランシスコが二〇二二年八月から二〇二三年一月にかけて行った、識別に関する全十四回の一般謁見連続講話を一冊にまとめたものです。さらに、この連続講話が第十六回シノドスの行程を見据えて始められたものであることを考慮し、二〇二一年九月に、シノドスの始まりにあたってローマ司教としてローマ教区民に対し行った講話を併せて収録しました。なお、一回目の冒頭で触れられている老齢期についての連続講話は、後日刊行の予定です。シノドス終幕前に「識別」の邦訳が提供されることが望ましいと判断し、こちらを先に刊行することといたしました。

＊＊＊

第一回目の講話の始めに教皇は「選択は人生の本質を成すもの」(10頁)だといっています。これは説明されるまでもなく、だれもが当たり前のように理解できることですが、その選択において働くのが識別です。本連続講話で教皇は「識別のしかたを知ること」(11頁)を、それこそ噛《か》んで含めるように、やさしく丁寧に教えてくれます。信仰者として生きるうえで求められる霊的な識別についてです。

これまで同様、今回の連続講話にも、教皇お得意のユーモアあふれる親しみやすいたとえが多用されています。たとえば、家でのんびりしているときに突然姑《しゅうとめ》がやって来たら、そのときあなたの心にあるのは愛ですかといった、どきっとするような問いかけがなされたりします(21頁)。まさにフランシスコ節です。

また、聖イグナツィオ・デ・ロヨラの『霊操』が幾度も引用されますが、教皇のたとえや解説に助けられ、いささか難解と思われるその内容が、すんなり頭に入ってくるような気もします。とくに「真の慰め」を見極めることについての解説(69頁以降)など、まさに絶妙です。こうしたところも、この講話の魅力かと思います。

＊＊＊

さて、付録として収録した「ローマ教区民の集いでの講話」の後半(117頁以降)に、「信仰の感覚《センスス・フィデイ》」ということばが出てきます。このことばについて、ごく簡単に触れておきます。

信じる者は、一人ひとりがこの「信仰の感覚」を有しています。それは、霊的な直観であり、信仰の属性といえるものです。それによって個々の信者は、ある特定の教えが、福音や使徒継承の信仰にかなうものであるかを、おのずと判断することができます。

この個々人の信仰の感覚は、教会という「信者たち全体の信仰の感覚」と切り離すことができません。教会は、聖霊を与えられ、聖霊によって支えられています。ですから、教会すなわち「信者たち全体の信仰の感覚」こそが、特定の教えや実践が使徒継承の信仰に整合するか否かを判断する、確たる基準となるのです。

キリスト教の最初期から、教えの発展には「信者たち全体の信仰の感覚」が大きな役割を果たしてきました。つまり、信徒も教理の形成において、重要な関与をなしてきたのです。

ですから教導職には、この「信者たち全体の信仰の感覚」に耳を傾ける務めがあります。と同時に教導職は、「信者たち全体の信仰の感覚」を養成し、識別し、判断するという務めも果たさなければなりません。

こうしたことから、今回の「ともに歩む教会のため」をテーマとしたシノダリティのシノドスにおいて、この「信仰の感覚」について問うことがいかに重要であるかが理解できるのではないかと思います。

ここではこの程度の説明しかできませんが、教皇庁教理省国際神学委員会が二〇一四年に発表した『教会生活における信仰の感覚』（*Sensus Fidei* in the life of the Church）という文書があり、カトリック中央協議会のウェブサイトでその邦訳が公開されています（https://www.cbcj.catholic.jp/2014/02/28/29165/）。さらに詳しく知るには、ぜひそちらをご参照ください。

＊＊＊

今回「識別」の連続講話については、イエズス会の住田省悟師に訳文をチェックしていただきました。ご多忙の中、驚くほどの迅速さで対応してくださいました師に心より感謝申し上げます。

また、聖イグナツィオ・デ・ロヨラ『霊操』の引用については、最新の邦訳である川中仁師（イエズス会）の訳（教文館、二〇二三年）を使用いたしました。出典明記に示しているのは、その頁数になります。

教皇フランシスコ

識　別——教皇講話集

カトリック中央協議会事務局　編訳

識別の意味

愛する兄弟姉妹の皆さん、おはようございます。

今日から、新しい連続講話を始めましょう。老齢期についての講話を終え、今度は識別についての新たな講話を始めます。識別は、すべての人にかかわる大事な行為です。選択は人生の本質を成すものだからです。何を選ぶのかを識別するのです。人は食べ物、服装、進路、仕事、交際相手を選んでいます。そのすべての積み重ねで人生設計が具体化し、神との関係もまた目に見えるものになっていくのです。

福音書のイエスは、日常生活から採ったもので識別について語られます。たとえば、よい魚を選《え》り分けて悪い魚を投げ捨てる漁師、多くの真珠の中から高価な真珠を目利きする商人、耕作中に宝となるものを発見する人（マタイ13・44―48参照）、そうしたものをもって語ります。

これらのたとえを踏まえると、識別とは、適切なタイミングを捉えるために、知恵を、そして経験や意志をも生かすことだと分かります。これらは、よい選択をするための条件です。賢い選択には、知恵と経験と意志が必要です。識別を働かせるには、犠牲も必要になります。その仕事でよい利益を出すために漁師は、骨が折れること、夜通し海に出ていなければならないこと、漁獲の一部は廃棄となること、買い手次第で収益の損失を受け入れなければならないことを勘定に入れます。真珠商人は、その真珠を買い取るために、すべてを投じるのを躊躇《ちゅうちょ》しません。宝を見つけた人も同じです。これらは、予期せぬ、想定外の状況で、迫られる選択の重大性と緊急性の見極めが欠かせません。決断は、一人ひとりが下さなければならないものです。自分に代わって決断してくれる人はどこにもいません。大人はある時点では、自由に相談したり考えたりできますが、決断するのは自分自身です。「わたしがこれを失ったのは、夫が決めたせい……、妻がそう決めたから……、兄が決定したから……」とはいえないのです。そうではありません。あなたが決めなければならないのです。わたしたち一人ひとりが決断しなければなりません。ですから、識別のしかたを知ることが大切なのです。賢い決断のために、識別を熟知することが必要です。

福音は、識別の別の大事な面も教えています。感情を伴うということです。宝を見つけた人は、持ち物をすっかり売り払うことに抵抗を覚えません。あまりの喜びのためです（マタイ13・44参照）。福音記者マタイが使った単語は、きわめて特別な喜びを意味します。人間の現実では味わえないほどの喜びで、事実、福音書ではほかに数箇所で用いられているだけで、そのいずれもが神との出会いを描くものです。長く過酷な旅を経て再び星を見た三博士の喜び（マタイ2・10参照）、天使から復活を告げられて空の墓から戻って来た女性たちの喜び（マタイ28・8参照）です。これは主と出会った人たちの喜びです。よい決断、正しい判断は、必ずあなたを最終的な喜びへと導きます。途上では多少不安になり、考えて、探し求めて、苦しまなければならないかもしれません。けれども、正しい判断をすれば、最後には喜びがもたらされます。

最後の審判で神は、わたしたちについての識別――重大な識別――を行われます。農夫、漁師、商人のたとえは、天の国で起きることの例です。天の国は、生活の中の、ふだんの行動の中に立ち現れるものです。そしてそれが、わたしたちに態度を明確にするよう求めているのです。ですから識別を心得ていることは、とても重要です。優れた選択は、一見さして重要ではないようでも実は決定的なものとなるような状況から生まれることがあります。たとえば、アンデレとヨハネが初めてイエスと出会ったときのことを考えてみましょう。何気ない問いから生まれた出会いです。「ラビ、どこに泊まっておられるのですか」という問いに、「来なさい。そうすればわかる」（ヨハネ1・38―39参照）とイエスはお答えになります。とても短いやり取りですが、変化の始まりです。着実に、彼らの生涯を運命づけていく変化です。何年たってもなお、福音記者は、自分を決定的に変えたこの出会いを覚えています。その時刻までも記憶し続けています。「午後四時ごろのことである」（同39節）。まさにこの瞬間に、時と永遠が、ヨハネの人生の中で出会ったのです。正しく、よい決断には、神のみ心とわたしたちの意志との出会いがあります。今のこの道が、永遠なるものと交わるのです。識別の過程を経て正しい決断をすることは、時間と永遠との邂逅《かいこう》をかなえるものなのです。

　ですから、知識、経験、感情、意志――、これらは識別に欠かせない要素です。今回からの連続講話では、同じように大切な、その他の要素について見ていきます。

　先ほどいいましたが、識別は骨が折れることです。聖書が教えるには、生きるべき人生は、目の前に、でき上がった状態で用意されていたりはしません。そうではありません。わたしたちはずっと、やって来る現実に応じて、人生を決めていかなければなりません。神は、よく見極めて選択するよう求めておられます。神はわたしたちを自由な者としてお造りになり、わたしたちにその自由を生かすよう望んでおられます。ですから、識別とは努力を要するものなのです。

よさそうなものを選んだのに、そうではなかった――、そうした経験はよくあります。また、自分にとって真によいことが分かっていながらも、それを選ばないこともありますし、人間が動物と違うのは、選択を誤りうることです。正しい選択をしたくないと思うときもあります。聖書はそのことを冒頭から記しています。神は人に、厳密な指示を出しておられます。「生きていたいのなら、人生を味わいたいのなら、あなたがたが造られたものであることを、善と悪の基準はあなたがたではないことを、あなたがたが行う選択は、自身にも他者にも世界にも、影響を与えるということを忘れてはならない」（創世記2・16―17参照）。地球を美しい園とすることもできれば、死の砂漠にもできてしまうのです。根本となる教え、それが神と人間の最初の対話だというのは偶然ではありません。次のような対話です。主が使命を与え、あなたはこれとこれをしなければならない、といいます。そして人は、一歩進むごとに、どのような決断をすべきか識別しなければならない、このような対話です。識別は、頭の中、心の中で、決断をする前に行うべき熟考のことです。

識別は骨が折れますが、生きるうえで不可欠なものです。識別には、自分を知ること、今ここにいる自分にとって何がよいのかを知ることが求められます。また何よりも、神と親子の関係となることが求められます。神は御父で、わたしたちを放ってはおかれません。いつでも喜んで相談に乗り、励まし、迎え入れたいと願っておられます。ですが、神は決してご自分の思いを、押しつけはなさいません。なぜでしょうか。恐れられることではなく、愛されることを望んでおられるからです。しかも神はわたしたちに、隷属の民ではなく娘、息子、自由な子らになってほしいと望んでおられます。そして愛は、自由の中でしか生きることができません。生きることを学ぶには、愛することを学ばなければなりません。そのために識別が必要です。目の前にはこの選択肢があるけれど、今ここで何ができるだろうかと。識別が、より大きな愛、より成熟した愛のしるしとなりますように。聖霊の導きを願いましょう。毎日、聖霊に祈りましょう。とくに、選択をしなければならないときには祈りましょう。ありがとうございます。

（二〇二二年八月三十一日、パウロ六世ホールにて）

イグナツィオ・デ・ロヨラの模範

愛する兄弟姉妹の皆さん、おはようございます。

識別についての講話を続けましょう。毎週水曜日に霊的な識別についてお話ししていこうと思いますが、今日は、理解の助けとなるはずの具体的なあかし人を取り上げようと思います。

多くを学べる一つの模範は、聖イグナツィオ・デ・ロヨラがその生涯における決定的なエピソードで示すものです。イグナツィオは戦場で足を負傷し、家で療養していました。暇《ひま》を持て余した彼は、何か本を読むことにします。騎士道ものが大好きでしたが、残念なことに家には聖人伝しかありません。不本意ながらも手に取ってみると、読み進めるうちに別世界が開けてきました。その世界にすっかり圧倒され、騎士の世界に比肩するほどの魅力を感じました。聖フランシスコと聖ドミニコの姿に魅了され、彼らに倣いたいとの気持ちが芽生えます。しかし騎士道の世界も、依然として彼の心を捉えたままでした。ですからイグナツィオの中には、騎士道への思いと聖人へのあこがれが、同等の重みをもって混在していました。

それでもイグナツィオは、いくつかの違いにも気づき始めます。彼は自叙伝で、自身を三人称で表し、こう書いています。「世俗的なこと――もちろん騎士道のことです――は、これを考えている間は大きな楽しみを感じたが、それにあきて止めてしまうと、うら寂しい感じがして不満が襲ってきた。ところが、裸足でエルサレムに巡礼するとか、野菜のほか何も食べないとか、聖人伝で見たいろいろな苦行をしようと思ったりすると、それを考えている間、慰めを覚えるばかりでなく、考えを止めた後までも満足感や喜びが残った」（聖イグナツィオ・デ・ロヨラ『自叙伝』8［A・エバンヘリスタ／李聖一訳、『ロヨラの聖イグナチオ自叙伝』ドン・ボスコ社、二〇一二年、三二―三三頁］）。それらがイグナツィオに、喜びを刻んだのです。

こうした経験からわたしたちは、とりわけ二つのことに気づきます。一つは「時間」です。世俗についての考え事は、最初は魅力的でも、その後は輝きを失い、むなしさと不満足感を残します。空っぽな感じです。それに対して神についての考え事は、最初は抵抗のようなものを覚えます。「聖人に関してのこんな面白くないものなど読みたくない」と。ところが、ひとたび受け入れてみると、いつまでも残る、えもいわれぬ平安を味わうのです。

続いてもう一つが、「考え事の着地点」です。初めは、状況ははっきりとしていません。そこから識別が重ねられます。たとえばわたしたちは、自分にとってよいものを抽象的、概括的にではなく、人生を歩む中で理解していきます。イグナツィオは、この根本的な体験の果実である識別規則に、そうした過程を理解できるようにする、重要な前提を定めています。「大罪から大罪に向かう人びとに敵がよくやるのは、見せかけの楽しみを提示し、感覚的な喜びや楽しみを想像させることであるが、それは彼らをその悪徳や罪にとどめ、増大させるためである。そのような人びとにおいて、善霊は、反対のやり方を用い、理性の判断力によって彼らの良心を刺すように痛みをあたえ、さいなむのである」（聖イグナツィオ・デ・ロヨラ『霊操』314〔川中仁訳、一二二頁〕）。ただし、このようにうまくいくわけではありません。

識別する人には、先立つ過去があります。見極めに不可欠な過去です。識別は、神託や運命論、実験室から出てきたようなものではなく、どちらにするかのくじを引くのとは違います。人生をある程度歩んでいれば、大きな疑問を抱くに至ります。それは、自分が何を探しているのかを知るために、戻らなければならない道です。人生は少し進めば、問いが出てきます。「わたしはなぜ、この方向に歩んでいるのか。何を求めているのか」。そこから、識別が始まるのです。イグナツィオは重傷を負って実家で療養している間、神についてなどいっさい考えませんでしたし、生き方を改めることなど一顧だにしませんでした。その初めての神体験は、自分の心の声を聞くことで生まれました。心の声を聞くことで、奇妙な逆転現象が起きたのです。一見魅力的なものは不満を感じさせるのに、それほど魅力的には見えない別のものに、いつまでも残る安らぎを覚えます。わたしたちにも、そうした経験があります。あることを考え始め、夢中になっていても、その後むなしさを覚えることは少なくありません。ところが慈善のわざをしたり、何かよいことをしたりして、幸福感を抱いたりすると、よい考え事が浮かび、幸せが訪れ、何かうれしい感情がわき上がってきます。だれしも経験することとです。イグナツィオは、奇妙な逆転現象を引き起こした自分の心の声への傾聴によって、初めての神体験をしています。それは、わたしたちが学ぶべきこと、自分の心の声を聞くことです。何が起きているのか、どのような決断を下すべきかの見極め、状況判断のために、自分自身の心の声を聞かねばなりません。わたしたちは、テレビやラジオや携帯電話に耳を傾けます。耳を傾ける達人です。ですがお尋ねします。自分の心の声を聞いていますか。立ち止まって、自分にこう問いかけてみてください。「さて、わたしの心はどんな調子だろうか。満足しているだろうか。悲しんでいるだろうか。何かを求めているだろうか」。よい決断のためには、自身の心に聞いてみなければなりません。

それでイグナツィオは、聖人伝を読むよう勧めるのです。聖人も生身の人間ですから、わたしたちとさほど変わらない人々の人生に現れる神の流儀を、物語風に分かりやすく示しているからです。聖人たちの行動はわたしたちに語りかけ、その意味を理解する手助けをしてくれます。

イグナツィオが抱いた二つの感覚という有名なエピソード——一つは騎士道ものを読んだときの感覚、もう一つは聖人伝を読んだときの感覚——によって、識別のもう一つの重要な点に気づきます。それについては、すでに前回お話ししました。人生の出来事には、一見すると偶然に見えるものがあります。すべては、よくある都合の悪さから起こるように思えます。つまり騎士の読み物はなく、聖人伝しかなかった、ということです。ですが都合の悪さには、転機となる種が植えられています。しばらく経つとイグナツィオはそれに気づき、そこからは、それに全神経を注ぐようになります。よく聞いてください。神は、計画されていない偶然の出来事を通じて働かれます。たまたまこんなことになった、たまたまこの人に会った、偶然この映画を見た、そんな計画的ではないことを通して、神は、予定外の出来事、都合の悪さを通してさえも働かれるのです。「散歩に行くはずだったのに、足が痛くて行けない」。がっかりですね。それを通して、神はあなたに何といっておられますか。そのとき人生は、あなたに何を語りかけていますか。同じことが、マタイ福音書の一節にもあります。畑を耕していた農夫が偶然、埋もれていた宝を見つけます。まったく思いがけない事態です。しかし大切なのは、農夫はその事態を人生の不意の幸運と見極めて、決断したということです。持ち物をすっかり売り払って、その畑を買うのです（マタイ13・44参照）。皆さんにアドバイスがあります。思いも寄らないことに注意を払いましょう。「たまたまであって、それは予期していなかった」という人。そのときあなたには、人生が語りかけているでしょうか。主が語りかけているのでしょうか。それとも悪魔でしょうか。だれであれ――。いずれにせよ識別すべきことは、予期せぬことに直面して、どう対応するかです。たとえば、家でのんびりしていたときに、「ジャジャーン」と姑《しゅうとめ》がやって来たとします。その姑に、どう応じますか。心にあるのは愛でしょうか、それとも別のものでしょうか。識別してください。職場で真面目に働いている最中に、同僚から「お金が必要なんだ」といわれたら、どう対応しますか。予期せぬことを経験する中で起きていることをよく見つめること、そして心がどう動いているかを分かるようになることです。

識別は、主が予期せぬかたちで、しかも苦々しい事態において、ご自身を示される合図を、見極めるための助けです。イグナツィオの場合は、足に傷を負ったことでした。イグナツィオに見るように、人生を決定的に変える出会いは、そうした状況で起きうるのです。人生では、あなたをよりよくすること、あるいは悪くしてしまうことが起こりえます。分かりません。ですから注意していましょう。「この事態に、どうすべきだろうか」、その肝心の手掛かりは、予期せぬことから現れます。主の助けによってわたしたちが、自分の心に耳を傾け、主が働かれているのか、そうではなく別のものなのかを、見極めることができますように。

（二〇二二年九月七日、サンピエトロ広場にて）

識別の基礎――主に親しむ

愛する兄弟姉妹の皆さん、おはようございます。

識別をテーマにした講話を再開しましょう（訳注：国外司牧訪問などで数週間休止していた）。わたしたちの中で何が起きているのかを知るために、識別というテーマはとても重要だからです。自分の気持ちや考えをよく知るには、それがどこから来るのか、自分をどこへ導くのか、どんな決断へと至らせるのかを、識別しなければなりません。ですから今日は、その基礎の一つ目、「祈り」に注目してみましょう。識別にあたっては、祈りの環境、祈りの状態にあることが欠かせません。

祈りは霊的識別を助けるのに不可欠なもので、何よりもそこに愛があるならば、神に対して、友人に話すように飾らず親しく語れるようになります。優しく伸び伸びと、思念の先へ進み、主との親しい関係へと入る方法なのです。聖人たちの生き方の秘訣は、神に親しむこと、そして信頼することです。それらが彼らの中で増していくと、神が何を喜ばれるのかがよりいっそう分かるようになります。真の祈りとは、神に親しむことであり、信頼することです。オウムのように暗記した祈禱文をペラペラと唱えることではありません。違います。真の祈りは、そうした伸びやかなものであり、主に対する愛情です。そうした親しさがあれば、神の意志は自分によいように働いてはくださらないのではないかという恐れや疑念――時に頭をよぎっては心をざわつかせ、不安にさせ、嫌な気持ちにさえさせる誘い――は追い払われます。

識別は、絶対的な確実性を謳《うた》うものではありません。化学的な理論的方法ではありませんし、百パーセントの確実性は主張しません。識別は生き方にかかわることであり、生き方は必ずしも論理的ではないからです。それは、一つの思念の枠に収めることはできない多くの面を示すものです。何をすればよいのかを正確に知りたいと思うかもしれませんが、それが分かったとしても、そのとおりに行動できるとは限りません。使徒パウロが語る経験は、わたしたちも嫌というほどしてきています。パウロはこういいます。「わたしは自分の望む善は行わず、望まない悪を行っている」（ローマ7・19）。わたしたちは理屈だけのものではありません。ロボットではありません。遂行のための指示書をもらうだけではだめなのです。主のために心を決める際の障害物は、助けとなる方法と同様、ほかでもなく気持ちの問題で、心に由来するものなのです。

マルコによる福音書でのイエスの最初の奇跡が、悪霊を追い払ったことだったというのは重要です（マルコ1・21―28参照）。カファルナウムの会堂で、イエスは汚れた霊に取りつかれた男を解放されます。サタンが当初から吹き込み続ける誤った神のイメージ、つまり、神はわたしたちの幸せを望んではいないという間違った考えから、その人を解放なさいます。この福音箇所に描かれている汚れた霊に取りつかれた男は、イエスが神だと分かっています。ですが、だからといって信じるには至っていません。実際こういいます。「われわれを滅ぼしに来たのか」（同24節）。

キリスト者も含め、多くの人は同じように考えます。すなわち、イエスは神の御子だろうけれども、わたしたちの幸せを望まれているかは疑わしい、そう考えているのです。それどころか中には、イエスの提案を、わたしたちに提示してくださるものを真剣に受け止めれば、思い描く人生は台なしになり、自分の欲求や熱い願望は抑えつけられてしまうのではないかと恐れる人もいます。神はわたしたちに過大な要求をなさるのではないか、多くを求められたら困る、それにこたえられなければ愛してくださらないのではないか、そういう考えが心に浮かぶことがあります。ですが連続講話の最初の回で、主と出会った証拠は喜びだということを確認したはずです。祈りを通して主に出会うと、うれしい気持ちになります。わたしたち一人ひとりが、喜びの気持ちを抱きます。これはすばらしいことです。他方、悲しみや恐れは、神から離れているしるしです。「もしいのちを得たいのなら、おきてを守りなさい」とイエスは裕福な青年にいわれます（マタイ19・17）。残念ながらその青年は、いくつかの妨げゆえに、心にあった願望、「よい先生」にさらに近づいて従うことを行動に移せませんでした。彼は意識の高い積極的な青年で、自分からイエスに会いに行きます。ところが彼は、心を寄せるものが二つに分かれていました。青年にとって富は、あまりに大事だったのです。イエスは彼に決断を迫りはしませんが、本文には、青年は「悲しみながら」（同22節）イエスのもとを去ったとあります。主から離れる人は決して満たされてはいません。思いのままになる財産や可能性がいくらあるとしてもです。イエスは、ご自分に従うよう強いることはなさいません。決してなさいません。イエスはご自身の意志をあなたに知らせてくださいます。心を込めて知らせてくださいますが、あなたの自由にゆだねられます。イエスとの祈りでもっともすばらしいのは、わたしたちを自由にさせてくださっていることです。ところが主から離れてしまうと、わたしたちの心には悲しみのような、嫌な感じが残るのです。

自分の中で起きていることを識別するのは、簡単なことではありません。表面に現れているものに欺かれるからです。けれども、神に親しむことは、疑いや恐れを優しく溶かしてくれます。そしてわたしたちの人生が、聖ジョン・ヘンリー・ニューマンの美しい表現に倣えば、神の「柔らかな光」をいっそう受け止められるようにしてくれます。聖人たちはその反射光によって輝き、自分たちの日常の素朴な行為で、不可能を可能にしてくださる神の愛に満ちた現存を示します。長年愛し合って、ともに暮らしてきた夫婦は、似てくるといわれます。同じようなことが、思いのこもった祈りについてもいえます。自分の思いが神の思いに近づいていくことによって、まるで、わたしたちの存在の奥底からわき出てくるかのように、少しずつではあるけれども確実に、大切なことに気づけるようになります。祈り続けていくこと、それはことばを並べ立てることではありません。そういうことではありません。祈り続けるということは、イエスに心を開いていること、イエスに近づくこと、心にイエスを迎え入れること、イエスの存在を感じることなのです。そうすることでわたしたちは、イエスが望まれることなのか、自分の思い――イエスの望みとは隔たりがちな――なのかを識別することができるはずです。

友が友に語るような、主との友情の関係を生きること（聖イグナツィオ・デ・ロヨラ『霊操』54〔川中仁訳、三三頁〕参照）、その恵みを願いましょう。コレジオの受付番をしていた老ブラザーを知っていますが、彼は聖堂に入るたびに、祭壇を見て「チャオ」（訳注：「やあ」「どうも」といった意のイタリア語）と声をかけていました。それほどイエスと親しかったのです。くどくどと話す必要はありませんでした。「チャオ。おまえさんのそばにおりますよ。おまえさんも、そばにいてくださいな」という具合です。祈りにおいて築くべき関係性は、近しさ、愛に満ちた近しさ、兄弟姉妹として、イエスに近しくあることです。ほほえみや、ちょっとした意思表示があれば、心のこもっていないことばを並べる必要はありません。繰り返しますが、友が友に話すように、イエスに語りかけましょう。

互いに願い合わなければならない恵みは、イエスをわたしたちの友として考えることです。大親友であり、脅したりはしない、忠実な友です。そして何より、わたしたちのほうがイエスのもとから離れたとしても、見捨てたりはなさらないのです。イエスは、わたしたちの心の扉の前で待っておられます。「もうやめて。あなたのことは、もう何も知りたくありませんから」とわたしたちはいいます。イエスは黙っておられます。手の届くところに、心の届くところに、居続けておられます。イエスはいつでも忠実だからです。この祈りを、「チャオ」の祈りを、心を込めて主にあいさつする祈り、愛のこもった祈り、近しさからの祈り、言葉数は少なくとも、よい心がけと慈善のわざを伴う祈りを携えて、前に進んでいきましょう。ありがとうございます。

（二〇二二年九月二十八日、サンピエトロ広場にて）

識別の基礎――己を知ること

愛する兄弟姉妹の皆さん、おはようございます。

識別のテーマを続けます。前回は、識別に不可欠なものである祈りを、神に親しみ、信頼することとして理解し、深めました。オウムのように繰り返すものではなく、神への親しみと信頼のしるしとなる祈りです。御父に呼びかける子どもの祈りであり、心を開いた祈りです。これについては前回の講話でたどりました。今日は、それを補完するかたちで、よい識別には自己認識も、つまり自分を知ることも必要だということに焦点を当てたいと思います。これは簡単ではありません。実に識別には、記憶、知力、意志、気持ちといった、人間の機能もかかわってきます。どう識別したらいいか分からなくなることがままあるのは、自分のことがよく分かっていないからです。自分が本当に望んでいることが分からないのです。「なんであの人は自分の人生を立て直さないいんだろう。どうしたいのかさえ、まったく分からないいんだな」などという声をよく聞きます。そこまで極端ではなくとも、だれしも似たような経験をしています。どうしたいのかよく分からず、自分のことなのによく理解できていないのです。

霊的な迷いや、召命の危機の根底には、宗教的な生き方と、わたしたちのもつ人間的で、認知的で、感情的な面との対話が十分なされていないということが少なくありません。霊性に関する著作の多いある作家は、識別というテーマに関する実に多くの困難が、認識されるべき、究明されるべき別の諸問題を示唆していることに注目しました。この作家は次のように書いています。「真の識別（そして祈りを真に深めること）にとっての最大の障害は、神の本質の捉えどころのなさにではなく、わたしたちが自分のことを十分に分かっていないという点、またさらには、ありのままの自分を知りたくないという点にあると、確信するに至りました。わたしたちのほぼ全員が、他人の前だけでなく、鏡に自分を映すときにも仮面を被っています」（トーマス・ヒル・グリーン『麦と毒麦』［邦訳未刊：*Weeds Among the Wheat*, 1984］）。わたしたちは皆、自分に対してさえも、仮面を着けたいとの誘惑に駆られています。

生きるうえで神を忘却していることは、自己に対する無知と強く結びついています。神を知らず、自分を知らずにいるのです。自分という人格の特徴や、奥底の願望について無知であることと一致しています。

己を知ることは難しいことではありませんが、骨の折れることです。根気強く内面を掘り下げる必要があります。それには、自身の行動パターン、内に潜む感情、たびたび浮かんでくる思念――これが自己を規定します、しかも大抵は無自覚に――、これらを自覚するべく、立ち止まって考える力、つまり「自動運転解除」の力が求められています。感情と、精神的機能との区別も求められます。「感じがする」のは「納得している」のとは異なります。「したい気がする」は「したい」と同じではありません。ここから分かるのは、わたしたちの自分や現実に対する見方は、若干ゆがんでいるときもあるということです。それに気づけるのは恵みです。実際、過去の経験を基にしての、現実を見誤った確信に強く影響されて、人生で本当に大切なことに生かすべき自由が、制限されてしまうことが少なくないのです。

情報化時代ですから、個人の機密性の高い情報が保管されているプログラムへのアクセスに必要なパスワードが、どれほど大切かをわたしたちは知っています。なんと霊的な営みにも「パスワード」があります。自分のもっとも敏感な部分を指し示す、痛いところをつくことば（ワード）があるのです。誘惑者、つまり悪魔は、そのパスワードをよく知っています。ですからわたしたちも、それを知っておくことが大切です。望まない状況に陥ってしまわないようにです。誘惑は、必ずしも悪いものを示すばかりとは限りませんが、多くは無秩序なもので、それを過剰に重要なものとして差し出します。このように、これらのものの魅力にやられて魅了されてしまうのですが、それらは美しいけれどもはかないもの、約束しないもの、それゆえに後には虚無感やうら寂しさを残すものなのです。このような虚無感やうら寂しさは、正しくない道を歩んでいるしるし、方向を見誤っているしるしです。たとえば、学歴、経歴、人脈、それ自体はどれも立派なものですが、そこから自由でなければ、優秀だと承認してもらいたいといった、空想の期待を抱いてしまう危険があります。たとえば、携わっている取り組みについて考える際、それで出世すること、自分に得になることだけを考えますか。それとも、共同体に役立てようと考えますか。その答えから、その人の意向が分かります。最大の苦しみは、しばしばここの勘違いから生まれます。それらはどれも、わたしたちの尊厳を保障するものではないからです。

ですから、愛する兄弟姉妹の皆さん。自分自身のことを知ること、自分がいちばん敏感な部分、心のパスワードを自覚することが大切です。わたしたちを操ろうと、もっともらしいことばで近づいてくる者から自分を守るためにも、また、自分にとって本当に大切なものを見極め、それをいっときの流行や派手で軽薄なキャッチフレーズと見分けるためにも大事なことです。テレビ番組の言説や広告の文句に心動かされ、自由を奪われるほうへと突っ走ることはしばしばあります。気をつけてください。自由ですか。それとも、いっときの気分や、そのときにあおられていることに左右されているのではないですか。

そのような場合の助けになるのは、良心の糾明です。けれども申し上げたいのは、告解に先だって行うような良心の糾明ではありません。告解のものは、「これについて、あれについて、罪を犯しました……」というものです。それとは違います。その日の意識全般の糾明です。その日、自分の心に生じたものを糾明するのです。「生じたことといえば、いろいろと……」。それはどんなもので、なぜだったのか。それらが何を心に残したのか――。ここでいう意識の糾明は、すなわち、その日に起きた心の動きを落ち着いて振り返るというよい習慣です。吟味し選んでいく中で、自分が何を大事にしているのか、何を求めているのか、なぜそうなのか、最終的に得たものは何か、そうしたことに気づくことを覚えるのです。何より、自分の心を満たしてくれるものを知る力を身に着けるのです。わたしたちがいかに尊いかの確証を与えてくださるのは、主のみだからです。主は毎日十字架の上から、ご自分がわたしたちのために死んだのは、ご自分の目にわたしたちがどれほど尊いものとして映っているかを示すためなのだと語りかけておられます。その柔らかな抱擁を妨げてしまう、障害や失敗などありません。意識の糾明は大いに助けてくれます。それによって、心は、知らぬまにすべてが動いていく流れとは違うものだと分かるからです。そういうものではないのです。確認しましょう。今日どんな思いが浮かんだのか。心に何が起きたのか。何に反応したのか。何を悲しく思ったのか。何をうれしく感じたのか。何が悪かったことで、他者を傷つけたのか——。要は、その日心に浮かんだ気持ちや、魅了されたものを振り返ることです。忘れずにいたしましょう。先日は祈りについて話しました。今日は、己を知ることについてでした。

祈ることと自分を知ることによって、わたしたちはより自由な者となれます。自由が増すのです。どちらも、キリスト者としてあることの基礎であり、生活の中で自分のあるべき場所を見つけるための大切な要素です。ありがとうございます。

（二〇二二年十月五日、サンピエトロ広場にて）

識別の基礎——あこがれ

愛する兄弟姉妹の皆さん、おはようございます。

このところの講話では、識別の基礎について考察しています。祈りと自己認識、つまり、祈ることと自分を知ることに続いて、今日はまた別の必須の「材料」について話したいと思います。今日は、あこがれについてです。まさに識別は一種の調査研究であり、調査はつねに欠けているものから、しかしながら、どういうわけかそれに対して鼻が利き、欠けていることが分かっているものから始まります。

それはどのような認識なのでしょうか。霊性の師たちは、それを「あこがれ」という語で表しています。根本的に、完全にかなうことはない充満への切望であり、わたしたちの内に神が現存するしるしです。あこがれは一時の欲求ではありません。イタリア語では「desiderio」といいますが、興味深いことに、とても美しいラテン語の単語を語源としています。「de-sidus」です。文字どおり「星がない」という意味です

（訳注：「脱」de+「星」を意味するsidus）。あこがれは、星を欠いた状態、つまり、人生を導く基準が見えない状態です。それが苦しみや欠乏感を呼び起こし、さらには、手にしていない幸福に至るための切迫さも生み出すのです。ですからあこがれは、現在地と行き先を知るための羅針盤です。もっといえば、自分は止まっているのか、それとも動いているのかまで教えてくれる羅針盤です。なぜなら、あこがれをもたない人は、じっとしていて、病んでいるかもしれず、ほとんど死んでいるような人だからです。では、どのように動き回っているのか、止まっているのかを教えてくれる羅針盤です。では、どのようにしたら、それが分かるのでしょうか。

考えてみましょう。本物のあこがれは、自分の奥深くの琴線に触れるものです。ですから、困難や挫折があろうとも、それが消えることはありません。喉が渇いたときと同じです。飲む物が見つからなくても、喉の渇きは引っ込みません。それどころか欲求は募り、渇きを和らげるためにどんな犠牲をもいとわないほど、それに頭が占められ、あらゆる行動がそのためのものとなります。ほぼ取りつかれている状態です。障害や失敗があこがれを抑えることはありません。それどころかそうしたものは、心のあこがれを膨らませるのです。

いっときの欲求や感情とは異なり、あこがれは続くもので、長い期間でも持続し、実現へと向かいます。たとえば、医者になりたい若者がいたとします。若者はそのために人生の数年をかけて、専門課程を受講し、実習を行わなければなりません。そのため、制限を設けなければならなくなります。まずはほかの専門課程に対して、さらには勉強に集中しなければならないときには、やっても構わない娯楽や気晴らしに対してすら、「できない」といわなければならないのです。それでも、人生に導きを与え、目標に到達したいというあこがれ——この人にとっては医者になること——があるから、その若者はそうした困難を乗り越えていけるのです。あこがれは人を強くし、勇気を与え、前に進み続けられるようにします。「こうなりたい」という目標に到達したいと望んでいるからです。

実のところ、強く引かれていればそれだけ、その価値は増し、実現しやすくなります。ある人がいっていました。「正しい者であることよりも、正しい者でありたいという意欲のほうが大事だ」と。正しい者であるというのは魅力的なことで、だれしも正しくあろうとしてはいます。ですが、正しい者になりたいという意欲をもっているでしょうか。

奇跡を行う前にイエスが、しばしば相手の望みを尋ねているのは印象的です。「よくなりたいか」。この質問が、場違いに思えるような場合もあります。明らかに病人なのですから。たとえば、ベトザタの池で、何年も池に入る機会を得られずにそこにいるからだの麻痺《まひ》した人に会ったときのことです。イエスはその人に「よくなりたいか」（ヨハネ５・６）と尋ねます。なぜでしょうか。実のところ、このからだの麻痺した人の反応には、よくなることへの奇妙な抵抗が続いているように見えますが、それはこの人に限ったことではありません。イエスの問いかけは、劇的改善の可能性を受け入れるため、あなたの心をはっきりさせるように、という招きでした。もはや自分を、自分の人生を、人の手を借りないと動けない「不随」だと考えてはならない、と。ところが横たわっていた人は、まだよく分かっていないようです。主との対話を通して、わたしたちは、自分が人生に何を本当に望んでいるのかを理解するようになります。麻痺を病むこの人は、「ええ、もちろん、そうしたいです。するつもりです」といいながら、するつもりのない、しようとしない、何もしない人の典型です。したいという思いは幻のようで、そのための一歩を踏み出せない人です。変わりたいけれども、変わろうとしない人です。よくないですね。この麻痺を病む人は、そこに三十八年間いて、ずっと不満を抱えています。「いやいや。主なるかた、お分かりでしょうよ。水が動くとき、その瞬間が奇跡の合図ですがね、ご承知のようにわたしより強いやつが来て、中に入っちゃいましてね、先を越されちゃうんですよ」。そしてぶつぶつ嘆いています。いいですか、文句は毒ですから気をつけてください。魂にとっての毒、人生にとっての毒です。文句は、前進するためのあこがれを膨らましはしないからです。不平不満に気をつけましょう。家族で不平をいったり、夫婦で不平をいったり、だれかの文句をいったり、子どもがお父さんに、司祭が司教に、司教がほかのもろもろに不平をいったりするのは……。よくありません。自分の中に不平不満があると気づいたら、気をつけてください。それはほぼ罪と同じです。あこがれが強くなるのを妨げるからです。

成功の見込まれる整合性のある着実な計画と、「地獄への道は善意で舗装されている」といわれるような幾多の野望やあまたの善意、その違いを決定づけるのは大抵、あこがれにほかなりません。後者においては、「ええ、やりたいです。するつもりです、しますとも」といいながら何もしません。わたしたちの生きるこの時代は、最大限の選択の自由を享受しているように見えますが、同時にそれが、あこがれを退化させているのだと思います。たえず満足していたい――そのことのほとんどが、あこがれを一時の欲求に劣化させてしまうのです。あこがれをしぼませないように気をつけなければなりません。気を散らせて、本当に望んでいるものを落ち着いて吟味できなくさせる無数の提案、計画、可能性に、わたしたちは始終さらされています。よく目にするのは、たとえば若者ですが、携帯電話を手にして、検索したり調べたりしています。「けれども、立ち止まって考えていますか」――「いいえ」。つねに外へ、よそへ向かっています。あこがれは、このような方法では高めることはできません。刹那的に生き、いっときの満足を得ているのなら、あこがれは実現できません。

多くの人は、人生に何を望むのかが分からず苦しんでいます。おそらく、自分の深みにあるあこがれに触れたことがなく、気づいたことがないのでしょう。「人生に何を望むのか」――「分からない」。そこにあるのは、さまざまな試みや方便に手をつけて、結局どこにもたどり着けず、貴重なチャンスを無駄にする危険です。だからどうにか変わりたいと、理屈の上では望んでいても、いざというときには実行に移せないのです。事を成すための、強いあこがれを欠いているからです。

もしも主が、今日わたしたちに尋ねたなら、たとえば、わたしたちのだれかに、エリコの盲人に尋ねた問い「何をしてほしいのか」（マルコ10・51）を投げかけたなら、主が今日、わたしたち一人ひとりに、「あなたはわたしに何をしてほしいのか」と尋ねておられる、そう考えたなら、何とこたえるでしょうか。きっと最後には、イエスへと向かう深いあこがれに気づけるよう助けてくださいと願うでしょう。イエスは、ほかでもなく神が、わたしたちの心に植えてくださったあこがれです。「主に願います。自分のあこがれを知ることができますように。大きなあこがれをもつ者となれますように」。きっと主は、それを実現させる力を与えてくださるはずです。福音書にあるように、主がわたしたちのために奇跡を起こしてくださることは、途方もない恵みであり、ほかのすべてはここから始まります。「あこがれを抱けますように。それを大きくしていけますように、主よ」。

主もまた、わたしたちに大きなあこがれを抱いておられるのです。ご自分の豊かないのちに加わってほしいのです。ありがとうございます。

（二〇二二年十月十二日、サンピエトロ広場にて）

識別の基礎――自分の過去という書物

愛する兄弟姉妹の皆さん、おはようございます。

ここ数回の講話では、よい識別のための前提条件に焦点を絞ってきました。人生は、決断を迫られることの連続で、決断するには識別の道を進まなければなりません。重要な活動には必ず、従うべき「トリセツ」があり、求められている効果を出すには、それを知っておかなければなりません。今日は、識別に欠かせないもう一つのものを見ていきましょう。自分の生きてきた過去という物語です。それまでの人生という物語を知ることは、いうならば、識別にとって必須の材料です。

人生は、わたしたちに与えられたもっとも貴重な「書」です。残念なことに多くの人が読んでいないか、読むとしても晩年に、死に際になって開く本です。ですがまさしくその本の中に、ほかを探しても見つからなかったものが書かれています。偉大な真理の探究者、聖アウグスティヌスは、まさに自分の過去を読み返すことで、そのことを理解しました。そこに、主の存在の、ひっそりと目立たぬ、けれども鮮やかな痕跡があると気づいたのです。人生という旅の終わりに、驚きをもって書き留めることになったのです。「あなたはわたしの内にいたのに、何と、わたしは外にいました。そしてわたしは外にあなたを探しました。しかもあなたの創られたその美しいもののなかに、わたしは醜い姿で落ち込んでいました。あなたはわたしと共にいましたが、わたしはあなたと共にいませんでした」（聖アウグスティヌス『告白』：*Confessiones*, X, 27, 38〔宮谷宣史訳、『アウグスティヌス著作集　第五巻II』教文館、二〇〇七年、一四二頁〕）。ですからアウグスティヌスは、探しているものを見つけるには、内的生活を掘り返してみなさい、と招くのです。「あなた自身の中に帰れ。真理は内的人間に住んでいる」（同『真の宗教』：*De vera religione*, XXXIX, 72〔茂泉昭男訳、『アウグスティヌス著作集　第二巻』教文館、一九七九年、三五九頁〕）。皆さんに、そしてわたし自身にも伝えたい招きはこれです。「あなた自身の中に帰れ。自分がどんな道をたどってきたか、内面深く読み込みなさい。落ち着いてじっくりと。あなた自身の中に帰りなさい」。

わたしたちも、アウグスティヌスのような経験を何度もしています。自分を本当の自分から遠ざけてしまう思い込みや、自分を傷つける決まり文句にとらわれる経験です。たとえば「自分には価値がない」といって落ち込み、「何もかもうまくいかない」といって落ち込み、「大きなことなど自分には絶対にできないのだ」といって落ち込んでしまう——、そんな人生。どれもがあなたを落ち込ませる悲観的フレーズです。自分の過去を読み解くことは、このような「毒」素の存在を認識することでもありますが、そのうえで、ほかのことに気づくようにもなり、過去という物語のプロットが広がっていきます。そうなると、過去はより豊かなものとなり、複雑でも尊いものとなり、神がわたしたちの人生で働いてくださる目立たぬやり方に、気づけるようになります。悲観的になることにかけてはノーベル賞級といわれていた人を知っています。すべて悪い方向に考え、何もかもだめと、いつも自らを貶《おとし》めていた人を知っていました。自虐的でしたが、多くの才能をもった人です。その人は、自分を助けてくれる人と出会いました。何かにつけて愚痴るたびに、こういわれました。「では、埋め合わせに、自分の何かよいことをいってみましょう」。その人は「えっと、そうだな、……わたしにはこのような才能があって……」。この調子で少しずつではあっても、支えとなった人のおかげで前向きになり、ついに、過去の人生の悪いこともよいこともどちらも、しっかりと読むことができるようになりました。わたしたちは、過去の人生を読み返さなければなりません。そうして、よくないことも、神が自分の中に蒔《ま》いてくださったよいことも、分かるようになるのです。

　ここまで、識別には、物語的アプローチがあるということを見てきました。つまり、行動そのものに拘泥《こうでい》するのではなく、それを文脈の中で捉えるのです。この考えはどこから来たのか、今感じていることは何がきっかけなのか。今のこの考えの先に、どんな自分がいるのだろう。以前どこかでそんな考えに触れただろうか。ここで初めて抱いたものなのか、それとも何度か浮かんだのだろうか。ほかでもなくこれが繰り返し浮かんでくるのはなぜだろうか。このように思い至ることで、人生はわたしに何を伝えようとしているのだろうか。

　自分の人生の数々の物語は、貴重なヒントとなり、それまでは見えなかった重要なニュアンスや細部の理解を可能にしてくれます。たとえば、読書、手助け、人と会うことといった、一見さほど重要とは思えないものが、時とともに内面の安らぎを与えるものとなり、生きる喜びとなり、さらに前向きな意欲を抱かせてくれます。立ち止まって見定めること――それが大事です。立ち止まって見定めることは、識別にとって重要です。それは、主がわたしたちという土地のあちらこちらに蒔《ま》かれた貴重な隠された真珠の数々を、拾い集める作業だからです。

　よいものはいつも隠れています。よいものには慎みがあり、潜むものだからです。よいものは隠れています。ひっそりとしているので、ゆっくりと継続的に掘り起こすことが求められます。神の流儀はひそやかなものだからです。神は隠れて動くのを好み、慎み深く、ご自分を押しつけることはなさいません。まるで吸い込む空気のようなかたです。目には見えないけれどもわたしたちを生かすもの、欠けてしまってからようやく気づく空気のようなかたです。

自分の生活を読み返すことに慣れると、見る目が養われます。磨きがかかり、神が日々わたしたちに起こしてくださる小さな奇跡に気づけるようになります。しっかりと目を向けると、内的センス、安らぎ、創造性を強めてくれる、別の方向性がありうることに気づきます。そして何より、毒となる既成概念からわたしたちを解き放ちます。自分の過去を振り返らない人は同じ過ちを犯すとは言い得て妙です。不思議なもので、歩んできた道を、過去を踏まえないならば、これからもずっとそれを繰り返し、堂々巡りを続けてしまうのです。ぐるぐると同じところを回る人は、決して先に進めませんし、道もできません。自分の尻尾を追いかける犬のようなものです。そうやってずっと、ひたすらぐるぐる回るだけです。

振り返ってみてください。今までだれかに、自分の人生について話したことがありますか。婚約中のカップルが、まじめに自分の半生を語り合うのは、すばらしい経験です。それまでの自身の人生を語ることは、もっとも美しく親密なコミュニケーションの一つだということです。それによって、それまで気づかずにいたこと、些細《ささい》な何でもないようなことが発見でき、福音がいうように、ごく小さなことから大きなことが生まれるのです（ルカ16・10参照）。

聖人たちの生涯もまた、自分の人生にある神の流儀を見いだすための、尊い助けとなります。神のなさり方に親しめるようにしてくれるのです。聖人の行動には、わたしたちを問いただし、新たな意味や機会を示してくれるものがあります。たとえば、聖イグナツィオ・デ・ロヨラがそうです。イグナツィオはその人生の根底にかかわる発見を語る際、重要な説明を添え、次のように述べています。「自己の体験から、ある考えは自分を憂うつにし、ある考えは自分を愉快な気分にすることを覚えた。こうして、少しずつではあったが、自分を動かす神と悪魔の二つの霊をわきまえるようになった」（聖イグナツィオ・デ・ロヨラ『自叙伝』8［A・エバンヘリスタ／李聖一訳、『ロヨラの聖イグナチオ自叙伝』ドン・ボスコ社、二〇二一年、三三頁］）。自分の内で起きていることを知ること、それに気づくこと、注意深くいることです。

識別とは、自身の人生で経験するよい時と悪い時、慰めと惨めさを、物語的に読むことです。識別では、神についてわたしたちに語るのは心であり、そのことばを理解することを学ばねばなりません。一日の最後に、たとえば、次のように振り返ってみましょう。今日、わたしの心の中では、何があっただろうか、と。良心の糾明をすることは、犯した罪——わたしたちはたくさん犯します——を数え上げることだと思う人がいます。けれどもそれは、次のように振り返ることでもあるのです。「わたしの心の内で何があったのか。喜びを得たのか。何によってわたしは喜んだのか。わたしは悲しかったのか。なぜ悲しくなったのか」と。このようにして、自分の中で起きていることを識別する力を身に着けるのです。

（二〇二二年十月十九日、サンピエトロ広場にて）

識別の対象――すさみ

愛する兄弟姉妹の皆さん、おはようございます。

これまでの講話で見てきたように、そもそも識別は、論理的な手続きとは異なります。行動を問題にするものであり、そしてその行動には感情も絡んでいるということ、それを理解しなくてはなりません。神は心に語りかけておられるからです。それでは、感情の最初の様態、識別の対象である、すさみについて見てみましょう。それはどういうものでしょうか。

すさみは以下のように定義されています。「霊魂の暗闇、霊魂における混乱、卑しく地上的なものへの動き、種々の動きや誘惑による落ち着きのなさ、不信心へと動かし、希望もなく、愛もなく、そしてあらゆる怠惰、生ぬるさ、悲しみ、創造主から離されたような状態にあることである」（聖イグナツィオ・デ・ロヨラ『霊操』317〔川中仁訳、一二二頁〕）。わたしたちは皆、こうした経験があるのではないでしょうか。だれしも、何らかのかたちでこのすさみを味わったことがあると思います。問題は、それをどう解釈するかです。すさみにも、わたしたちに語りかける重要なものがあるからです。そこから逃れようと急《せ》いてしまうと、その重要なものを失ってしまう危険があります。

だれも、すさんだ気持ちになったり、悲しい気持ちになったりしたくはありません。当然です。だれだって、いつも楽しく、明るく、充実した人生を送りたいと思っています。ですがそんなことは不可能だということに加えて──そんなことはありえないことです──、わたしたちにとってよいことでもないのです。まさに、悪に向かう生き方が変わるのは、してきたことに対して抱く、悲しみや後悔という状態から始まります。「後悔」という語の語源はとても美しいものです。良心の呵責《かしゃく》については、皆さんご存じのとおりです。呵責（訳注：イタリア語は rimorso。re は反復、morso は噛まれた、の意）は文字どおり、良心が噛《か》みついていることで、苛《さいな》まれている状態です。アレッサンドロ・マンゾーニは『いいなづけ』の中で、後悔が人生を変えるきっかけになることを、みごとに描写しています。フェデリーゴ・ボルロメーオ枢機卿とひどい夜を過ごし、憔悴《しょうすい》して枢機卿の前に現れたインノミナートが交わした、よく知られた会話です。枢機卿は、驚きのことばを発します。「「あなたは良い報せを持っていらしたのに、私をそんなにお待たせになるのですか。」。「良い報らせを、私が？　私の心中は地獄です。……私ごとき者から吉報を期待できるともしお考えでしたら、是非それを私におっしゃってください」。「神様があなたの心にふれ、あなたの心を神の御旨、神の御心となさろうとしているのです」と穏やかに枢機卿は答えた」（第23章〔平川祐弘訳、『いいなづけ　中』河出書房、二〇〇六年、二九二―二九三頁〕）。神はあなたの心に触れ、心に何かを感じさせます。それは悲しみや、何かに対する後悔ですが、それは新たな道への招きでもあるのです。神を信じる人は、心の中で動くものに深く気づくことができます。

悲しみを読み解くすべを知るのは大事です。だれしも、悲しみがどのようなものか知っています。皆知っています。ですがそれを読み解くことができているでしょうか。今日のこの悲しみがわたしにとってどのような意味があるのか、理解できているでしょうか。現代は、それ――悲しみ――を大概ネガティブに捉えています。何が何でも避けるべき悪であるかのようにです。ですが悲しみは、人生にとって欠くことのできない警鐘となるはずで、はかないものや逃避では得られない、より豊かで肥沃《ひよく》な地を探検するよう招いてくれます。聖トマスは、悲しみを魂の苦痛と定義します。身体の神経のように、わたしたちの注意を、起こりうる危機、あるいは失われた善へと向け直してくれます（聖トマス・アクィナス『神学大全』：*Summa Theologiae* II-I q. 36, a. 1〔森啓訳、『神学大全10』創文社、一九九五年、二四二―二四五頁〕参照）。ですから悲しみは、健全さを保つには欠かせないものなのです。自分自身や他者を傷つけないよう守ってくれます。この感情を受け止めずに先へ進んでしまうことのほうが、ずっと深刻で危ないことです。時に悲しみは、信号のような役割を果たします。「止まれ、止まれ！　今は赤だ、行くな」と。

他方、善を行おうとする人にとって悲しみは、誘惑者（悪魔）がわたしたちのやる気を削《そ》ぐのに用いる障害となります。この場合、先ほどの提案とはまったく逆の行動を取らなければなりません。やると決めたことをし続ける決断をするのです（聖イグナツィオ・デ・ロヨラ『霊操』318〔川中仁訳、一二二頁〕参照）。仕事、勉強、祈り、引き受けた約束を思い浮かべてみましょう。うんざりしたり、悲しんだりした途端に投げ出していたら、何もなし遂げられないでしょう。これも霊的生活にはよくあることです。福音書は、善への道は狭く困難で、苦労し克己《こっき》することが求められていると教えます。祈り始めたり、よいわざを行おうとしたりすると、不思議とその瞬間に、祈りやよいことができなくなるような、すぐにしなければならない用事が思い浮かんでくるのです。これは、わたしたちだれもが経験することです。主に仕えたい人にとって、すさみに振り回されずにいるのは大事なことです。そして「やれやれ、いやだ。やりたくない。うんざりだ」という思いにも気をつけていましょう。残念なことに、すさみに飲み込まれて、祈りの生活や自分の決断を、結婚や修道生活を、断念すると決めてしまう人もいます。まずは立ち止まって、そうした心の状態を読み解くことをせずに、そもそも、導きの助けを借りずに決めてしまうのです。「すさみのときには、決して変更してはならず」（川中仁訳、一二二頁）という格言があります。そのときの気分に左右されずに、少し時間を置くほうが、いくらかは正しい選択ができるでしょう。

福音書の中の、イエスが断固とした態度をもって誘惑を退ける記述は興味深いものです（マタイ3・14―15、4・1―11、16・21―23参照）。数々の試練がイエスを四方八方から襲うものの、いつも、イエスのそうした一徹さ、つまり御父のみ旨を果たすという固い決意によって、それらはイエスの進む道を妨害できず挫《くじ》かれるのです。霊的生活において、試練は大きな節目です。聖書はそれをはっきりと指摘し、次のように表しています。「主に仕えるつもりなら、自らを試練に向けて備えよ」（シラ2・1）。よい道を歩みたいのならば、覚悟しましょう。立ちはだかる壁も、誘惑も、悲しみに暮れるときもあるでしょう。それはまるで、先生から生徒への試問のようなものです。生徒が論題の本質部分を理解していると分かれば、先生はしつこく追及はしません。生徒はテストに合格です。まったく、生徒はテストに合格しなければならないのです。

孤独やすさみのとき、心を開いて自覚的に過ごすという心得があれば、人間的にも霊的にも強くなっているはずです。越えられない試練はありません。なすすべのない試練はありません。ともかく、試練から逃げてはなりません。この試練にどんな意味があるのか、この悲しみに意味があるのか、なぜ悲しいのか――、考えなければなりません。今自分がすさみの中にあることには、どんな意味があるのか。すさみに打ちひしがれて前に進めないのは、どういうことなのか。聖パウロがいうには、主は決してわたしたちをお見捨てにならず、主とともにいれば、いかなる試練をも乗り越えられるのだから、だれも、耐えられないような試練に遭うことはないのです（一コリント10・13参照）。もし今日乗り越えられずとも、再び立ち上がって続ければ、明日乗り越えられるでしょう。ですが、いわせていただくなら、死んだままではいけません。悲しみやすさみに、打ちのめされてはいけません。前へ進むのです。霊的生活という、歩み続けなければならないこの道を行くあなたを、主が祝福してくださいますように。頑張って！

（二〇二二年十月二十六日、サンピエトロ広場にて）

すさむ理由

愛する兄弟姉妹の皆さん、おはようございます。

今日から、識別をテーマにした講話を再開しましょう（訳注：バーレーン司牧訪問を挟んだ）。これまで、いっときの感情に流されて性急に決断し、手遅れになって後悔することのないように、心の中の動きを読み取ることがいかに重要かを見てきました。つまり、どうなっているのかを読み解き、それから決断をするのです。

その意味で、すさみと呼ぶ精神状態、心が真っ暗で悲しんでいるときでも、そうしたすさみは成長の機会となりうるのです。実際、不満や健全な悲しみが少しもなく、孤独の中で生きたり、逃げ出さずに自分を見つめられたりするための健全な力がなければ、つねに、物事の表層だけをなぞり、自分の存在の核となるものにまったく触れることができなくなりかねません。すさみは「魂の震動」を引き起こします。悲しみを覚えると、魂は揺さぶられる状態になります。それはわたしたちを目覚めさせ、警戒させ、慎ましくさせて、気まぐれな情勢から守ります。これは人生における成長、ひいては霊的生活の向上にとっての要件です。完璧な冷静であっても、感情を欠いた「無菌」のものは、それが決断や行動の基準となれば、わたしたちを人間らしからぬ者にしてしまいます。わたしたちは人間であり、感情は人間性の一部なのですから、感情を無視することはできません。感情が分からなければ、人間ではありません。感情を味わっていなければ、他者の苦しみにも無関心になり、自分自身の苦しみも受け入れられなくなります。考えるまでもなく、こうした無関心の道では、「完璧なる冷静」に到達することはありません。「かかわりございません、あずかり知らぬことです」という無菌のコースです。これでは生きているとはいえません。雑菌や病原菌に触れぬよう、研究所で遮断されて暮らすようなものです。多くの聖人にとって、その人生を激変させた決定的なきっかけは、落ち着きのなさでした。人為的な冷静がうまくいくことはありませんが、健全な落ち着きのなさ、進むべき道を見つけようと揺れ動く心はよいものなのです。たとえば、ヒッポの聖アウグスティヌス（三五四年―四三〇年）、聖エディット・シュタイン（一八九一年―一九四二年）、聖ヨゼフ・ベネディクト・コットレンゴ（一七八六年―一八四二年）、聖シャルル・ド・フーコー（一八五八年―一九一六年）がそうです。重要な選択には、人生が示す価格があります。だれもが手の届く価格です。つまり、重要な選択は福引の景品とは違うのです。そういうものではありません。価格があるもので、その代価を払わなければなりません。あなたの心で支払わなければならない価格です。決断の値、少し骨を折らなければならない代償です。無償ではありません。ですがだれもが払えるのです。やる気のない状態にし続ける無関心状態から抜け出すために、すべての人が、決断に対する値を払わなければなりません。

すさみはまた、無償性への招きでもあります。感情的な満足だけを目的に行動してはならないという招きです。すさみは、成長の機会と、主との、そして大事にしている人たちとの、より成熟した、すばらしい関係を築いていくきっかけを与えてくれます。ギブアンドテイクのような単なる交換に矮小化《わいしょうか》されない関係です。たとえば、子ども時代を思い浮かべてみてください。幼い子が、何かが欲しくて親を呼ぶことはよくあります。おもちゃだったり、アイスクリームを買うためのお金だったり、お願いごとを聞いてもらうためだったり……。親それ自身を求めるのではなく、自分の関心事のために親を呼ぶのです。ですが、彼らこそ、両親こそが、最大の贈り物です。成長するにつれ、それが分かるようになります。

わたしたちの祈りの多くもまた、このようなものです。主に対する、望みをかなえてほしいという願い事であって、実際のところ主に興味はないのです。主を求めて、求めて、求めてください。福音書によると、イエスはしばしば多くの人に囲まれていましたが、彼らがイエスを呼ぶのは、何か、いやしであったり、物質的な支援であったりを願うからであって、単にイエスとともにいたいからではありませんでした。イエスは群衆に押し潰されるように取り囲まれていたのに、独りでした。聖人や芸術家には、イエスのそうした状況に思いを巡らした人もいました。主に対して「調子はどうですか」と声を掛けるのは、奇妙で、おかしなことに思えるかもしれません。ですがそれは、イエスの人間性と、その苦しみと、そして途方もない孤独と、本当に、真摯に結ばれていくすばらしい方法です。ご自分のいのちを完全にわたしたちと分かち合いたいと望まれておられるかた、主と結ばれるのです。

大切にしている人と接するときのように、下心なしに、そのかたと、主とともにいることを覚えられたら、とてもためになります。大切な人といっしょにいられると幸せなので、その人のことをもっともっと知りたいと思うからです。

愛する兄弟姉妹の皆さん。霊的生活はわたしたちの意のままになる技術ではありません。わたしたちの側で自由に構築できる、心の「健康」プログラムでもありません。違います。霊的生活は、生きておられるかた、神との、生きているかたとの、わたしたちの枠に収まることのないかかわりです。ですからすさみは、神体験は暗示の一種、願望の投影にすぎないという考えに対する、明確な反論です。すさみは、すべて真っ暗闇で、何も感じられずにいることです。すさみの中にあっても、実は神を呼び求めているにもかかわらずです。そのときに、神はわたしたちの願望の投影だと考えてしまえば、構想するのはいつもわたしたちの側で、いつも楽しく満足できるのかもしれません。同じ曲を流し続けるレコードのように――。ですが祈る人は、結果は予想できないものだと気づいています。何度も心躍らせた経験や聖書箇所に、今では不思議なほど何の感動も覚えない、そうしたこともあります。そしてこれまた、思いがけず、それまで気にも留めなかったような、またあえて避けてきたような経験――十字架の経験など――、出会い、聖書箇所が、深い安らぎをもたらしたりします。すさみを恐れてはなりません。辛抱強く向き合って、目を背けてはなりません。すさみの中で、キリストのみ心を捜してください。主を見つけてください。こたえてくださるはずです。必ず――。

ですから困難に直面しても、くじけないでください。決して裏切ることのない神の恵みの助けを借りて、決然と試練に立ち向かいましょう。そして、祈りから引き離そうとする執拗な呼び声が心の内に聞こえたなら、それは誘惑者の声であると、正体を暴けるようになりましょう。それに動じてはなりません。単純に、そのささやきが語ることと逆のことをすればよいのです。ありがとうございます。

（二〇二二年十一月十六日、サンピエトロ広場にて）

慰　め

愛する兄弟姉妹の皆さん、おはようございます。

霊的な識別についての講話を続けます。心や魂の内側でのことについての見極めです。すさみ――魂の暗闇――のいくつかの観点を考察しましたので、今日は慰め――魂の光――という、識別のもう一つの重要な要素についてお話ししたいと思います。すさみ勘違いを招きかねませんから、それを当たり前のものと考えてはなりません。すさみとは何かについての理解を深めたのと同じく、慰めとは何かについても理解しなければなりません。

霊的な慰めとはどのようなものでしょうか。内なる喜びを味わうことであり、それによって、あらゆるものの中におられる神の存在に気づけるようになります。また、信仰と希望が、善を行う力が強められます。慰めを得た人は、困難を前にして屈しません。試練よりも強い平安を味わっているからです。ですから慰めは、霊的生活にとって、また生涯にわたっての、大きなたまものです。この内なる喜びを味わってください。

慰めは、自分自身の深部に触れる、きわめて内面的な動きです。派手さはありませんが、柔らかく、細やかで、「海綿に入る水の滴のよう」な具合です（聖イグナツィオ・デ・ロヨラ『霊操』335［川中仁訳、一二八頁］参照）。人は、自分の自由が必ず尊重されながら、神の存在に包まれているのを感じます。わたしたちの思いに踏み込もうとする乱暴なものでは決してなく、束《つか》の間の幸福でもありません。そうではなく、すでにお気づきのとおり、苦しみのときでさえ――たとえば自分自身の罪によって引き起こされた苦しみでさえも――、慰めを得る理由になりうるのです。

聖アウグスティヌスが、永遠のいのちの美について、母モニカと語り合ったときに得た経験や、聖フランシスコが、耐えがたいほどの困難な状況にあってすら味わい続けていた、全き喜びを想像してみてください。偉大なことをなし遂げることができた、多くの聖人たちのことを考えてみてください。彼らが偉大なことをなしたのは、自分が立派で能力があると自覚したからではなく、神の愛という安らかな喜びに覆われていたからです。聖イグナツィオが、聖人伝を読んで、興奮しつつ自らの内に見いだした安らぎのことです。慰めを得るとは、神との関係において安らぎを得ることであり、すべてが安らかに整っている、心の内側全体が調和していると感じることです。それは、エディット・シュタインが改宗後に得た平安です。受洗の一年後に、彼女はこうつづっています。「この感覚に身をゆだねているにつれて、わたしは新たないのちで満たされてくるのです。意志の緊張をもたらさず、わたしを新たな営みへと向かわせます。このいのちの力の流入は、わたし自身によらない活動と力から流れ出てくるようです。それはわたしを傷つけることなしに、わたしの内で活性化します」（*Beiträge zur philosophischen Begründung der Psychologie und der Geisteswissenschaften*, Musaicum Books 2017, S. 93-94 参照）。すなわち、真の安らぎというものは、わたしたちの中に、心地よい感覚を生み出す平和なのです。

慰めは、何よりも希望にかかわります。未来へと伸び行くもので、わたしたちを歩み出させ、それまで先延ばしにしていたことや、想像すらしていなかったことに、取り組もうというひらめきを与えてくれます。エディット・シュタインが受洗を決意したようにです。

慰めはそうした安らぎのことですが、座してそのまま堪能し続けるものではありません。違います。慰めによって安らぎが与えられると、主のそばに引き寄せられ、事をなすよう、よいことを行うよう、背中を押されます。安らぎを得る慰めの中では、たくさんのよいことがしたくなります。必ずそうなります。それに対して、すさみに打ちひしがれているときは、自分の殻に閉じこもっていたい、何もしたくないという気持ちになります。慰めはわたしたちをけしかけ、他者のため、社会、人々のための奉仕へと駆り立てます。

霊的慰めは「制御」不可能です。今すぐ慰めをください、とはいえません。指図できるものではありません。好き勝手に計画できません。それは聖霊のたまものなのです。だから隔たりなど少しもないように、神と親しくさせてくれます。幼いイエスの聖テレジアは、十四歳でローマにあるエルサレムの聖十字架大聖堂を訪れ、そこで崇敬されている、イエスが十字架につけられたときの釘の一つに触ろうとします。テレジアは、その大胆さを愛と親しさの表れと感じます。後にこう記しています。「ほんとうに私は、なんと大胆だったのでしょう……！　幸いに神さまは人々の心の底まで見通されますから、私がこのようなことをしたのも純粋な意向からで、主の気に入らないことをするつもりは少しもなかったことを、ご存じです。私は神さまに対して何でもすることが許されていると思い込み、父の宝は自分の宝と見なしている子どものようにふるまっていたのです」（幼いイエスの聖テレジア『自叙伝』183［東京女子跣足カルメル会訳／伊従信子改訳、『幼いイエスの聖テレーズ自叙伝――その三つの原稿』ドン・ボスコ社、一九九六年、二一一頁〕)。慰めは自然に生まれるもので、まるで幼い子のように、自然な感情からすべてを行えるようにしてくれます。小さな子はのびのびしています。慰めはあなたを、幸せな気持ちと、とても深い安らぎによって、自然にのびのびとさせます。十四歳の少女が、霊的慰めをみごとに説明しています。神をいとしく思い、その思いから、神ご自身のいのちにあずかりたい、喜ばせたいという大胆な願いをかき立てられる。神を親しく感じているからこそ、神の家をわが家と感じ、受け入れられている、愛されている、元気になると感じるのだと。この慰めがあれば、困難を前にあきらめはしません。まさにその大胆さで聖テレジアは、年齢が達していないにもかかわらず、カルメル会への入会の許しを教皇に求め、許可されることになるのです。これは何を伝えているのでしょうか。慰めはわたしたちを大胆にするということです。暗闇やすさみに包まれるときには、こう考えてしまいます。「それは無理だ」と。すさみは人を弱らせます。何もかも真っ暗に見えてしまいます。「だめだ。できない、無理だ」。他方、慰めを得ていると、同じものも異なって見え、語ることばはこうです。「いや、いける。できる」。「本当ですか」と問われても、「神の力を感じています。わたしはやれます」と。このように慰めは、前へ進むよう背中を押し、すさみに打ちのめされているときにはできなかったことを行えるよう促してくれます。一歩を踏み出させてくれるのです。これが、慰めのすばらしさです。

ただし注意が必要です。神からの慰めと見せかけの慰めとを、よく見極めなければなりません。霊的生活では、人間による生産と同様のことが起こります。本物もあれば模造品もあるのです。本物の慰めは、海綿にしみ入る水滴のようなもの、柔らかで親しみを覚えるものであるのに対して、その偽物はどぎつくて派手です。ただの狂喜であり、熱しやすく冷めやすいものです。実質を欠き、わたしたちを閉じこもらせ、他者を気にかけなくさせます。偽物の慰めはいずれわたしたちを空虚にし、自己の実存の中心から遠く離れさせてしまいます。だから、幸せで平安を感じていれば、何でもできます。ただこの安らぎと、束《つか》の間の熱狂とを混同しないようにしましょう。今は小躍りしていても、結局はしぼみ、消えてしまうからです。

ですから、慰めを得たと感じるときにも、識別をしなければなりません。偽りの慰めは危険を引き起こしうるからです。慰め自体をしつこく求めれば、主を忘れてしまうのです。聖ベルナルドがいうように、神の慰めを求めるのであって、慰めの神を求めてはならないのです。主を求めなければなりません。その存在をもって慰めてくださり、背中を押してくださる主を求めるのです。慰めを与えてくださるからという動機で、神を求めてはなりません。そうした思惑はだめです。そんなことに気がいってはなりません。それは先週お話しした、小さな子の発想です。純粋に親を求めてではなく、してもらいたいことがあるから親を呼ぶ、そうした子どもと同じです。利害のためです。「パパ、ママ――」。幼い子はそれができますし、どう振る舞えばいいかも分かっています。家族がばらばらになったときには、あちらに求めてはこちらにも求める、そうしたことに慣れていきます。これはよくありません。それは慰めではなく、利益の追求です。わたしたちもまた、子どものようなやり方で神との関係を生きる危険があります。損得勘定で、神を自分の道具や、消耗品へと貶《おとし》めて、神ご自身というもっとも美しい恵みを失ってしまうのです。ですから、神が与える慰めと世の罪というすさみの中を進むわたしたちの人生を、神からの慰め――魂の奥深くに安らぎをもたらすもの――なのか、それとも一時の熱狂にすぎないもの――悪いものではないにしろ、神の慰めとは異なるもの――なのかを見分けられる力をつけて歩んでまいりましょう。

（二〇二二年十一月二十三日、サンピエトロ広場にて）

真の慰め

愛する兄弟姉妹の皆さん、おはようございます。

識別についての考察を続けますが、先週の水曜日に取り上げた「慰め」と呼ばれる霊的経験をさらに詳しく考えていきます。考えてみましょう。真の慰めをどうやって見分けるのでしょうか。これはよい識別を行ううえで、とても重要な問いです。真の幸福を求める際、惑わされないためにです。

聖イグナツィオ・デ・ロヨラの『霊操』にいくつかの基準があります。「考えの筋道に充分に注意しなければならない――とは聖イグナツィオのことばです――。もし初めと半ばと終わりがすべて善く、すべてが善へと向かっているならば、善天使のしるしである。だが、抱いた考えの筋道において、終わるのが何らかの悪いことか、逸らされてしまうか、霊魂が以前にやろうと決意していたものほど善くはないもので、霊魂を弱らせ、不安にし、動揺させ、以前にもっていた平和、落ち着き、静けさを霊魂から取り去るならば、それは、悪霊、わたしたちの益と永遠の救いの敵である悪霊のやり方の明白なしるしである」（333〔川中仁訳、一二七頁〕）。ですから、真実の慰めがあれば、真実ではない慰めもある、これは事実です。そのため、慰めの過程をよく理解する必要があります。慰めはどのように訪れ、どこへ導くのか――。どこか間違ったほうへと導くのであれば、それはよくないもので、その慰めは本物ではありません。「偽物」といってよいでしょう。

これは貴重な指標です。短くお話ししましょう。聖イグナツィオがよい慰めだという、初めが善へと向かっているとはどういうことでしょうか。たとえば、祈ろうとします。主や隣人への愛あってのもので、私欲のない、愛の行いへと招くのならば、それはよい始まりです。そうではなく、課された仕事や用事から逃れるために、祈りたいと思うことがあります。皿洗いや掃除をしなければならなくなると、祈りたいとの思いが強くなる！　修道院では、そういうことがあります。けれども祈りは、務めから逃れる手段ではありません。それとは逆に、今ここで、行うよう求められている善をなし遂げるための助けです。これが「初め」に関することです。

次に中間についてです。聖イグナツィオは、初め、中間、終わり、全部が善でなければならないといいました。初めについては次のとおりです。「皿洗いをしたくないから、その間祈るつもり」ではなく「まず皿を洗って、それから祈りなさい」です。次に中間についてです。つまり、祈りたいという思いの後に何が起こるのかということです。先ほどの例の続きになりますが、祈り始めると今度は、たとえに出てくるファリサイ派の人（ルカ18・9―14参照）のように自己満足に陥り、他者にいら立ちや苦々しい思いを抱いて、見下しがちになります。そうなるとそれは、祈りたいという考えを悪魔がパスワードとして用いて心に忍び込み、卑しい考えを伝染させたというしるしになります。祈りとして、例のファリサイ派の人の有名なことば「神様、わたしは、あなたを呼び求めず祈りもしないほかの人たちと違って、祈る者でいられることに感謝します」が心に浮かんだなら、その瞬間、その祈りは悪いものとなってしまいます。祈ることでこのような慰めを覚えるのは、神の前でクジャクになるのと同じです。これが、だめな中間です。

次に、終わりについてです。初めと、中間と、終わりがあります。終わりはすでに触れたとおりで、つまりその考えはどこへ導くのか、ということです。たとえば、祈りたいという思いの行き着く先はどこか。例を挙げると、すばらしい立派な仕事のために必死だったとします。それに忙殺され、祈るどころでなくなってしまい、どんどん前のめりになっていら立つようになり、全部自分でやらなければと思い込み、ついには神への信頼を失ってしまうことがあります。そうなると明らかに、そこにあるのは悪い霊の働きです。祈り始めると、今度は祈りの中で自分には絶大な力があると感じるようになります。すべてがこの手にかかっている、いかにして物事を運ぶかを分かっているのはわたし、このわたしだと。それは明らかに、善の霊ではありません。何かをしようとする際、自分の感情のたどる道を、よい感情の道を、慰めの道を、よく確認すべきです。初めはどうか、中間はどうか、そして終わりはどうなのかを。

敵のやり方——敵といえば、それは悪魔のことです。悪魔は存在しています、間違いなく。そのやり方は、知ってのとおり巧妙で、本性を隠して近づいてきます。わたしたちがいちばん気に掛けていることに付け入り、少しずつ自分のほうへと引き寄せます。悪魔はひっそりと、気づかぬうちに入り込んできます。そして時が経つと、甘いことばは冷酷になり、その考えの正体が明かされるのです。

それゆえ、このように自分の考えの出どころと真相を検証するという、辛抱強くも不可欠な過程が重要なのです。これは、同じ間違いを繰り返さないよう、自分の身に起きたことから、経験から学びなさいという招きです。自分を知れば知るほど、悪霊が付け入るポイント、悪魔の「パスワード」が分かるようになります。心への侵入ルートで、自分のもっとも敏感な部分なので、今後のためにそこに注意を払うのです。

わたしたちはだれしも、敏感な部分、性格的な弱点をもっています。悪霊はそこから入り込み、間違った道へと誘い出したり、真に正しい道から遠ざけたりします。祈ろうとして、祈りから遠ざけるのです。

日々の生活を振り返れば、こうした例は枚挙にいとまがありません。だからこそ、日々の良心の糾明がとても大切になります。一日を終える前に、少し集中して振り返ってみましょう。今日はどうだったのか。新聞に載るようなことや、人生にかかわる出来事のことではありません。自分の心の動きはどうだったか。わたしの心は思慮深くあったか。成長しただろうか。無自覚に突き進まなかったか。心の動きはどうだったか。こうした究明は大切です。特定の視点から経験を読み直す、尊い務めです。生じていることに気づくのは大切で、神の恵みがわたしたちの中で働いてくださり、自由に自覚をもって成長できるよう助けてくださっているしるしです。わたしたちは独りではありません。ともにいてくださるのは聖霊です。何が起きたのかを、しっかり理解しましょう。

真の慰めとは、自分は神が望むことを行っている、神の道を歩んでいる、すなわち、いのちの道、喜びの道、平和の道を歩んでいる――、その確証を得るようなものです。実際、識別は単に、よいものや最大可能な善についてではなく、今のこの自分にとっての善は何であるかを扱うのです。魅力的であっても仮定にすぎない提案を制し、この善を成長させるように求められています。真の善を求めるうえで、惑わされないようにです。

兄弟姉妹の皆さん。自分の心で起きていることを知り続けなければなりません。そうするためには良心の糾明が必要です。今日何が起きたのかを理解するのです。「今日はあそこでイライラしてしまった。あのことが至らなかった……」。なぜそうだったのか。なぜを深めれば、そうした過ちの根にぶつかります。「今日はいい日だったな。あの人たちに手を貸すのは煩わしかったけれど、最後は助けたことで心が満たされたな」。このようなところに聖霊がおられます。その日に起きたことを、心という本で読む習慣を身に着けましょう。やってみてください。たった二分でいいのです。きっと役に立ちます。

（二〇二二年十一月三十日、サンピエトロ広場にて）

よい選択の証拠

愛する兄弟姉妹の皆さん、おはようございます。

識別の過程では、決断直後の段階に留意することも大事です。それは、決断を是認するしるしや、その反証のしるしを捉えるためです。決断を迫られると、その是非やさまざまな感情を識別し、祈り……、そうしてその過程を終え、決断します。その後、注意深く検討しなければならない段階に入ります。人生にはよくない決断もあり、よい決断だと裏づけるしるしがあるように、それに反証するしるしがあるからです。

確かにわたしたちは、あまたの別の声の中から神の声を聞き分けるのに、時間がどうであるかを基本的な基準とすることを知っています。神だけが、時の主です。時間は、できもしないのに神の名を語る偽者と区別して、本物を保証する刻印です。よい霊の証拠の一つは、それが永続的平和に通じるという点です。じっくりと掘り下げたうえで決断し、それが時を経ても続く平和をもたらしているならば、それはよいしるしであり、その道は正しかったということを示しています。調和、一致、熱意、情熱をもたらす平和です。始めたときよりもよくなって、掘り下げていく過程を終えたということです。

たとえば、もう三十分祈ることに決めたら、その日の残りがよりよく過ごせていると思えたり、穏やかな気持ちになったり、不安が解消したり、丁寧に集中して仕事ができたり、苦手な人たちとのやり取りもスムーズに運んだりしたなら、それらはすべて、下された決断がよいものであったことの重要なしるしです。霊的生活は循環しており、よい決断は、生活のあらゆる面に益をもたらします。それは神の創造性に参加したことになるからです。

決断がよいものだったと確認する可能性として、決断後の時間を読み解く助けとなる、いくつかの重要な観点を挙げることができます。決断の良し悪しを確認するのは、その後の時間だからです。すでにこれまでの講話で、そうした重要な観点をさまざまに見てきましたが、ここで、その応用を見ていきましょう。

一つ目の観点は、その決断が、主からの愛と寛大さにこたえたしるしとなりうるものかどうかということです。恐れからでも、強迫観念からでも、強要からでもなく、受けた善――それが主との関係を伸び伸びと生きる心にしてくれます――に対する感謝から生まれたものかどうかです。

もう一つの重要な点は、人生における自分の場所に対する感覚――「自分はしかるべき場所にいる」という落ち着いた心――と、自分が役に立ちたいと思う大きな計画に参与しているという感覚を自覚することです。サンピエトロ広場には、そこに立つとベルニーニの柱が一直線に並んで見える、精密な地点が二つあります。楕円の焦点となる二地点です。それと似て、その日が何か筋の通ったものになったり、自分のさまざまな関心事がひとところに集約されていくのを感じたり、重要なことを適切な優先順位で整えられたりと、そうしたことが苦労なく行え、新たな力と不屈の精神で訪れる困難に向き合えるなら、まさしく求めているものが見つかった場所に立っていることが分かります。これらは、正しい決断をしたことを示すしるしです。

また、証拠となる別の有効なしるしは、たとえば、決めた内容に縛られていないこと、反論を受ける覚悟があり、それが有効であれば撤回もいとわず、反論の中にも主の教えがありえるとして、それを探す意欲があることです。それは、主がわたしたちの大事にしているものを取り上げようとなさってのことではなく、執着を捨てて、自由に、それを生きるよう望んでのことだからです。わたしたちにとって真によいものを知っておられるのは神のみです。独占欲は善の敵で、愛情をだめにしてしまいます。

このことに注意してください。独占欲は善の敵で、愛情をだめにします。悲しいことにたびたびニュースになる家庭での暴力事件のほとんどすべてが、相手の愛情を独占したいという思いから、それを絶対的に確かなものとするため、自由を奪い、いのちを抑圧し、そこを地獄にしてしまうことから生じています。

自由があって初めて、わたしたちは愛することができます。だから主はわたしたちを自由な者として、主に対してすら「ノー」といえるほどに自由な者としてお造りになりました。いちばん大切にしているものを主にささげることは、わたしたちにとって最善のことであり、それによって最上のかたちで、実際に、それを、主が与えてくださった恵みとして、主からの無償の優しさのしるしとして、生きることができるようになります。わたしたちの生涯そして歴史全体は、主のいつくしみ深いみ手のうちにあると分かるようになります。それが、聖書のいう神をおそれるということです。すなわち神を敬うことであり、神が恐ろしいというのとは違います。尊ぶことは、知恵のたまものを受け入れるのに欠かせない条件です（シラ1・1―18参照）。他の恐怖をすべて消し去る畏怖です。万物の主であるかたに対するおそれだからです。神を前に、わたしたちを脅かすものはどこにもありません。自身の驚きの経験を、聖パウロはこう語っています。「貧しく暮らすすべも、豊かに暮らすすべも知っています。満腹していても、空腹であっても、物が有り余っていていても不足していても、いついかなる場合にも対処する秘訣を授かっています。わたしを強めてくださるかたのおかげで、わたしにはすべてが可能です」（フィリピ4・12―13）。これぞ自由な人です。よいことがあるときでも、そうでないときでも、主をたたえる人です。主がたたえられますように。そしてわたしたちも前に進みましょう。

これを理解しておくことが、よい決断の基本となります。これが分かっていれば、健康のこと、将来のこと、愛する人のこと、自分の計画など、意のままにならないことや予測できないことについても安心できます。大切なのは、万物の主に信頼を置くことです。主はわたしたちをどこまでも愛しておられ、ご自分といれば、わたしたちがすばらしいもの、永遠なものを築いていけることをご存じです。聖人たちの生涯は、このことをみごとに教えてくれます。前に進みましょう。いつもこのようにして決断できるよう努め、祈りをもって、また心の動きを確認しながら、前へとゆっくり歩みを進めましょう。頑張っていきましょう。

（二〇二二年十二月七日、パウロ六世ホールにて）

目覚めていること

愛する兄弟姉妹の皆さん、おはようございます。

識別に関するこの連続講話も、いよいよ終盤です。聖イグナツィオ・デ・ロヨラの模範から始め、祈り、己を知ること、あこがれ、人生という本といった、識別の基礎を考察し、その後、識別の「対象」となる、すさみと慰めについてじっくり考察してから、よい決断の証拠まで行き着きました。

ここで、最善の識別とよい決断のために行ったすべての作業が無に帰してしまわぬように、あるべき姿勢についてお話ししておくのがよいと思います。それは、目覚めているという姿勢です。識別を行って、慰めやすさみを見極め、何かの決断をし……、すべてうまくいって――、ですが今も欠かせないのは、目覚めていることです。目覚めているという姿勢が大切になってきます。先ほどの福音朗読にあったように、実際に危険があるからです。「じゃまをする者」、つまり悪い者である悪魔が、すべてを台なしにし、一からの振り出しに引き戻すか、それより悪い状況へと陥らせる危険があるのです。このようなことが起きるので、注意深く目覚めていなければなりません。ですから、目覚めていることは欠かせないのです。したがって今日は、識別のプロセスが成功に終わり、成功であり続けるために、だれもが必要とするこの姿勢を強調するのに、ふさわしい機会だと思います。

実際にイエスは、説教の中でたびたび、よい弟子とは目覚めていて、眠りに落ちず、物事がうまくいっているときでも自信過剰にはならず、いつも注意深く自分の務めに備えることができるのだと繰り返し伝えておられます。

たとえばルカ福音書で、イエスはいわれます。「腰に帯を締め、ともし火をともしていなさい。主人が婚宴から帰って来て戸をたたくとき、すぐに開けようと待っている人のようにしていなさい。主人が帰って来たとき、目を覚ましているのを見られるしもべたちは幸いだ」（ルカ12・35―37）。

心を守るために、内面の動きを把握するために、目を覚ましていましょう。これこそ、終末の主を待つキリスト者の心構えです。ですがこれは、生活において保つべきふだんの姿勢でもあります。ふだんの姿勢としてもつことで、時に困難を伴う識別の後に行われるよい選択が、しっかり首尾一貫したまま持続し、実を結ぶことになると分かるはずです。

繰り返しになりますが、目覚めていないと、すべてが台なしになってしまう危険性がとても高いのです。心理的なものではなく、霊的なものの危険であり、悪霊による罠《わな》のことです。まさにそれが、わたしたちが自信過剰になる瞬間を待ち構えています。これが危険です。「わたしには自信がある。わたしは勝ったのだから、もう大丈夫だ」。――この瞬間を悪霊は待っているのです。すべてがうまくいき、物事が「とんとん拍子に」進み、「順風満帆」な瞬間です。実際、先ほど朗読された福音の短いたとえ話には、汚れた霊が離れていた家に戻ってみると、「空き家になっており、掃除をして、整えられていた」（マタイ12・44）とあります。万事解決されていて、すべて片づいていて、けれども家の主の姿が見えない――。留守です。家の番をし、守る人がいないのです。これは問題です。家主は留守、外出中です。ぼんやりしているのでしょうか。あるいは在宅中でも眠り込んでいて、留守であるかのようなのかもしれません。いずれにしても、その人は警戒心がなく、注意深くありません。自信過剰で、自分の心を防御するという謙虚さを失っているからです。わたしたちは自分の家を、自分の心をつねに見張っていなければなりません。ぼんやりして、留守にしてはならないのです。先ほどのたとえが教えるように、そのようなときに問題が起こるからです。

そうなると悪霊はそれを利用して、その家に戻ることができるのです。ところが福音は、悪霊は独りではなく、「自分よりも悪いほかの七つの霊」（同45節）を引き連れて戻ってくるといっています。悪党たち、ギャングの一味です。いったいどうして、妨害されずに侵入できるのでしょうか。なぜ家主は気づかないのでしょうか。見極めがまずかったので、追い払えなかったのでしょうか。友人やご近所さんから、家が本当にすばらしくみごとで、片づいていて磨き上げられていると、褒められていたのではなかったでしょうか。そうです。ですがまさにそれが理由で、家主は家を、すなわち自分自身を愛するがあまり、主が、花婿が来られるのを、待ち続けるのをやめてしまったのです。現状の片づいている状態が台なしになるのを恐れたのでしょう。家主はもはやだれも入れようとしません。貧しい人、家のない人、厄介事を抱えている人を、招き入れることをしません。確かなことが一つあります。そういうときには、悪いうぬぼれがあるということです。自分は正しい、立派だ、まともだ、という慢心です。よく、こんなふうにいう人がいます。「わたしも昔はだめなところばかりでしたけれど、回心しましてね。神様のおかげで、今じゃ家は片づいていますよ。だから心配無用です……」。神の恵みにではなく、自分自身に信頼を置きすぎると、悪霊は扉にすき間ができているのを見つけます。そうして悪霊は隊を組み、その家を乗っ取ってしまいます。だからイエスはこう締めくくります。「そうなると、その人の後の状態は前よりも悪くなる」(同45節)。

それにしても家主は気づかないのでしょうか。気づかないのです。彼らは礼儀正しい悪魔だからです。気づかぬうちに近づいて、扉を叩き、慇懃《いんぎん》な態度でいます。「いいですよ、遠慮なさらず、どうぞ、こちらへ……」といっているうちに、最後にはあなたの魂は彼らに牛耳《ぎゅうじ》られてしまいます。この小さな悪魔たち、悪霊たちには注意してください。立派な紳士を装うときには、悪魔も礼儀正しく振る舞います。そうしてわたしたちに許可をもらって入り込み、自分の都合で出ていきます。礼儀正しい悪魔という欺瞞《ぎまん》から、家を守らなければなりません。霊的な世俗性は、いつもこのルートで始まります。

愛する兄弟姉妹の皆さん。ありえないと思えるかもしれませんが、これが事実です。警戒を怠ったがために、何度もわたしたちは負け、この戦いに敗れています。主が多くの恵みを与えてくださっているのに、その恵みを生き切ることができず、すべてを失ってしまうことは少なくないはずです。警戒心が足りなかったためです。入り口の守りが甘かったのです。そうして、慇懃に近づいてくるものにだまされてきました。中に入り、こんにちは、と、悪魔はそんなふうです。過去を振り返れば、だれもがこれが本当だと分かるはずです。よい識別を行い、よい選択をするだけでは足りないのです。だめです。不十分です。警戒を続け、神が与えてくださった恵みを守り抜き、なおかつ注意していなければなりません。皆さんはわたしにこうおっしゃるでしょう。「ですが、おかしなことになれば、すぐにそれは悪魔の仕業だ、誘惑だと分かりますよ」。ええ、そのとおりです。ですが今回は、悪魔は天使を装ったのです。悪魔は、天使を装うことができます。愛想のよいことばで近づき、説き伏せ、最後には最初よりも悪くなってしまいます。ですから心の番が必要です。わたしが今、皆さん一人ひとりに、またわたし自身に「心の中はどうなっていますか」と尋ねたとします。すべては説明できないでしょう。一つ二つについてはいえるかもしれませんが、すべては無理です。心を見張りましょう。見張ることは知恵のしるしですし、何よりも謙遜のしるしです。つまずかないか心配するからです。謙遜こそが、キリスト者としての生き方の本道です。

（二〇二二年十二月十四日、パウロ六世ホールにて）

識別を助けるもの

愛する兄弟姉妹の皆さん、おはようございます。ようこそおいでくださいました。

識別に関する講話を続けましょう。最終回に近づいてきました。ここまで、この連続講話を聴講してきた人は、識別とは、なんと面倒な手続きなのかと思われていることでしょう。実際のところ人生は複雑なものですから、複雑であるそれを読み解くことを学ばなければ、失望してしまうやり方で進めてしまい、徒労に終わる危険があります。

初回の講話で、わたしたちは必ず、毎日、望むと望まざるとにかかわらず、識別行為を行っていることを確認しました。何を食べるのか、何を読むのか、職場において、人間関係において、あらゆる場面で識別しています。人生はつねに選択を迫り、わたしたちが自覚的に選ぶことがなければ、いずれ人生が選ぶ側となり、わたしたちは望まないところへと連れて行かれることになります。

しかしながら識別は、独力で行うものではありません。今日は、霊的な生活に欠かせない、そうした識別行為を円滑に進められるようになる、助けになるいくつかのものについて詳しく見ていきましょう。これまでの講話の中で、すでに触れたものもあるかもしれません。ですが、まとめは役に立つはずです。

欠かせない助けの第一のものは、神のことばや教会の教義との照合です。みことばや教義は、心にうごめくものを読み解く助けとなります。神の声に気づき、その声と、わたしたちの関心を引こうとするほかの数々の声――結局は混乱させるだけの声――とを聞き分けられるようにしてくれます。神の声は、静けさや注意深さや沈黙の中でとどろく――、聖書はそれに気づかせてくれます。預言者エリヤの経験を思い起こしましょう。主はエリヤに、岩を砕く激しい風の中でもなく、地震や火の中でもなく、そよ風の中で語られました（列王記上19・11―12参照）。神がどのように語られるのかを理解させてくれる、実に美しい描写です。神の声は威圧的ではありません。神の声は控えめで、敬意にあふれ、こんな言い方が許されるなら、神の声には謙虚さがあります。だからこそ安らぎをもたらすのです。安らぎの中で初めて、わたしたちは自分の内に深く入り、主が心に与えてくださった真の望みを認識することができるのです。年中、日がな一日さまざまなことでせわしなくしているわたしたちにとって、心を平安にするのは簡単ではありません。ですがお願いです。少しの時間心を鎮め、あなた自身の中へ深く入ってください。二分で構いません、立ち止まるのです。心が感じていることに向き合ってください。兄弟姉妹の皆さん、やってみましょう。これは大きな助けとなります。そうして落ち着けばすぐに、わたしたちに語りかけておられる神の声が聞こえてくるからです。「さあご覧なさい、そうはいっても、見てご覧なさい。あなたがしているのはよいことですよ……」。神の声にすぐに入ってくださるよう、落ち着いていましょう。神はそれを待っておられます。

信者にとって神のみことばは、単なる読まれるテキストではありません。慰め、導き、光、力、安らぎ、そして生きる喜びを与えてくださる、聖霊の働きなのです。聖書を読むこと、聖書のどこかを一、二節読むことは、直ちに心に届く、神からの短い電報のようなものです。大げさではなく神のみことばは、まさに天国のちょっとした味見です。偉大な聖人にして司牧者であったミラノの司教アンブロジオ（三四〇頃―三九七年）はそれをよく理解していて、次のように記しています。「わたしが聖書を読むと、神は地上の天の逍遥《しょうよう》へと戻って来られる」（『書簡』：*Epist.*, 49, 3）。わたしたちは聖書によって、巡り歩かれる神に門を開くというのです。味わい深いですね。

聖書との、聖なる書との、福音書との、このような心情的なかかわりは、主イエスとの心情的なつながりへと至ります。それを怖がらないでください。心は心に語りかけます。これもまた、軽く考えることのできない、不可欠な助けです。わたしたちは、神のイメージを間違って抱きがちです。しかめっ面の裁判官、冷酷な裁判官のようで、現行犯で捕まえようとしていると思い込んでいます。ところがイエスが明かしてくださった神は、思いやり深く、どこまでも優しく、放蕩息子のたとえにある父親のように（ルカ15・11―32参照）、わたしたちのもとに来てくださるためには犠牲をいとわないかたです。かつて、母だったか、祖母にだったか、「今すべきことは何でしょうか」と尋ねたことがあります。すると、「神に聞きなさい。神は、何をすべきかを教えてくださるから。神に心を開いていなさい」といわれました。いいアドバイスです。こんなこともありました。若者の巡礼団が、ブエノスアイレスから七十キロの場所にあるルハン大聖堂まで、年に一度巡礼します。丸一日かけてやってきます。わたしが聴罪にあたるのは夜でした。そこに、タトゥーを入れた、二十二歳くらいの青年がやってきました。「いやはや、こいつは何者だ」、内心そう思いました。すると彼はこういうのです。「実はここに来たのは、大きな悩みがあったからなんです。母に打ち明けると、母から「ルハンの聖母のところに行きなさい。巡礼してきなさい。そうすれば聖母がお前に教えてくれるよ」といわれたんです。それで来ました。ここに来て、聖書に出会ったんです。神のみことばを聞いて、心が揺さぶられました。ぼくがしなければならないのは、これと、これと、あれと、これと……」。神のみことばは心に触れ、あなたの人生を変えてくださいます。このようなことを、わたしは何度も目撃してきました。たくさん見てきました。神はわたしたちをだめにしたいとは望んでおられません。神はわたしたちに、日々、より強く、よりよくなってほしいと望んでおられるのです。

十字架の前にいると、新たな平安を覚え、神が怖くなくなっていきます。十字架上のイエスが怖い人などいるでしょうか。そこにおられるかたは、まったくの無力で、しかしながら完全な愛の姿です。わたしたちのために、あらゆる試練を受けてくださる愛です。聖人たちは皆、磔刑《たっけい》のイエスに強い愛着をもっています。イエスの受難の物語は、悪に打ちのめされずに対峙する確実な道です。そこに裁きはなく、あきらめさえもありません。そこは強い光で、復活の光でいっぱいだからです。その光によって、そうした悲惨な行為の中に、いかなる妨げも障害も挫折も押しとどめることのできない、大いなる計画が見えるようになるのです。神のみことばはいつも、別の面を見せてくれます。つまり十字架がそこにあり、それは悲惨なのだけれども、そこにはまた別の面が、希望が、復活があるのです。神のみことばは、あなたのためにすべての門を開いてくださいます。主ご自身が門だからです。福音書を手に取りましょう。聖書を手に取りましょう。一日に五分で構いません。ポケットサイズの福音書を持ち歩き、出掛けるときは鞄《かばん》に入れて、一日のどこかで、手に取って少し読んでください。神のみことばが、あなたの心へ向かうようにしてください。やってみてください。神のみことばが近くなると、あなたの人生が変わっていくのを感じるはずです。「はい、神父様。でもわたしは聖人の伝記をふだんから読んでいます」。すばらしいこと、いいことです。けれども、神のみことばを忘れないでください。福音書を持ち歩いて、一日に一分だけでも読んでください。

主との生活を、日増しに仲の深まる友人の関係と考えるのは、とてもすばらしいと思いませんか。そんなふうに考えたことはありますか。そういうものなのですよ。神は、わたしたちを愛してくださるかた、友になりたいと願っておられる、そのように考えましょう。神との友情には、心を変える力があります。聖霊のすばらしいたまものの一つが孝愛であり、これが、神は御父であると気づかせてくれます。わたしたちには優しい父、愛情深い御父、わたしたちを愛しておられ、これまでずっと愛してくださった父がいるのです。それが身に染みて分かると、心はほぐれ、疑いや恐れや、自分は無価値だという思いは消え去ります。主との出会いから生じるこの愛を、妨げることのできるものなどありません。

そしてこのことは、また別の力強い助け、聖霊のたまものを思い起こさせます。聖霊はわたしたちの中に現存しておられ、わたしたちに教え、わたしたちの読むみことばを生きたものとし、新たな価値をそっと知らせてくださり、閉じているように見えた門を開き、闇と混乱にしか見えなかった人生に道を示してくださいます。皆さんに質問です。聖霊に祈ることはありますか。ところでこの、ほとんどつかみどころのないかたは、どんなかたなのでしょうか。わたしたちは、御父に対して祈ります。ええ、主の祈りもあります。イエスにも祈っています。ところが聖霊への祈りを忘れています。以前、子どもたちへのカテケージスで、こんな質問をしました。「君たちの中で、聖霊がどんなかたか知っている人はいるかい」。一人の子どもが「知ってるよ」といいました。「そうか、どんなかたなのかな」と尋ねると、「麻痺《まひ》した人（paralitico）」と答えたのです！　その子は「弁護者（Paraclete）」と聞いたことがあって、「麻痺した人」と勘違いしたのでしょう。この一件で思ったのですが、聖霊はわたしたちのためにここにおられるのに、まるで数に入れられていないかたのようであることが何と多いことでしょう。聖霊は、魂にいのちを吹き込んでくださるかたなのにです。このかたを加えてください。御父に語るように、御子に話すように、聖霊にも話しかけてください。聖霊に語りかけてください。麻痺とは縁遠いかたです。このかたにおいて教会の力はあり、このかたこそが、あなたを前に進ませてくださるのです。聖霊は行動する識別力であり、わたしたちの内におられる神の現存です。このかたは贈り物です。求める者には与えてくださると御父が約束する（ルカ11・13参照）、最高の贈り物です。さてイエスは、このかたを何と呼ばれたでしょうか。「約束されたもの」です。「エルサレムを離れず、父の約束されたものを待ちなさい」、――聖霊のことです。聖霊との友情のうちに生きるのは、味わい深いことです。このかたはあなたを変え、成長させてくださいます。

教会の祈り（時課の典礼）は、一日の主要な祈りを、次の呼びかけで始めます。「神よ、わたしを力づけ、急いで助けに来てください」。わたしだけでは前へ進めません、愛することができません、生きることができません、だから「主よ、助けてください」――。この救いの嘆願は、わたしたちの存在の奥深くからわき上がる、抑えられない願いです。識別の目的は、自分の人生において神が働かれる救いを知ることです。自分は決して独りぼっちではないこと、今苦しんでいるとしても、大事なものを懸けているからだと気づかせてくれます。聖霊はいつもともにいてくださいます。

「神父様、わたしはひどいことをしてしまいました。罪の告白をしなければなりません。もう無理です……」。おや、ひどいことをしたのですか。では、あなたとともにいてくださる聖霊に話してください。こんなにひどいことをしてしまいました……」といえばいいのです。聖霊との会話をやめてはなりません。「神父様、わたしは大罪を犯しました」。それは問題ではありません。聖霊に話してください。そうすればこのかたは、あなたがゆるしを得られるよう助けてくださいます。聖霊とのそうした対話をやめてはなりません。そして、主がわたしたちにくださった、こうした数々の助けがあれば、恐れる必要はありません。勇気をもって、喜びをもって、前へ進み続けましょう。

（二〇二二年十二月二十一日、パウロ六世ホールにて）

霊的同伴

愛する兄弟姉妹の皆さん、おはようございます。

講話に入る前に、名誉教皇ベネディクト十六世の弔問《ちょうもん》にお越しになった皆さんとともに、講話の名人であった名誉教皇を思い起こしたいと思います（訳注：ベネディクト十六世は前年十二月三十一日に帰天し、葬儀ミサはこの講話の翌日一月五日に執り行われた。追悼のために多くの信者がバチカンを訪れていた）。名誉教皇の鋭くも繊細な思想は、自己言及的なものではなく、教会的でした。わたしたちがイエスに出会う場に同伴していたいと、あのかたはつねに望んでおられたからです。イエス、十字架につけられて復活したかた、生きておられるかた、主であるかたこそ、教皇ベネディクト十六世が、わたしたちの手を引いて、導いてくださっていた目的地です。信じる喜びと生きる希望をキリストのうちに見いだすことができるよう、教皇ベネディクト十六世がわたしたちを助けてくださいますように。

本日の講話をもって、識別をテーマにした連続講話は終わります。識別の過程にきっと役立つ、必ず役立つ、助けとなるものについての講話をして、締めくくろうと思います。数ある助けとなるものの一つが、霊的同伴です。これはまず、己を知るために大切なものです。己を知ることは識別に不可欠な条件である――これについてはすでに考察しました。独りで鏡に映る自分の姿を見ても、それは必ずしも助けにはなりません。映し出される像を曲解できるからです。けれども、ほかの人の助けを借りて、鏡に映る自分の姿を見るならば、これは大きな助けになります。その人があなたにありのままを――その人が正直であるならば――伝えてくれるからです。そうしてあなたを助けてくれます。

内なる神の恵みは、必ずその人の本性に働きかけます。福音のたとえを思い出せば、恵みはいつもよい種、本性は土地にたとえられます（マルコ4・3―9参照）。まず第一に、自分のいちばん敏感な部分、弱い部分、評価されたくない部分、そうした傷つきやすい部分を分かち合うことをおそれずに、自分を知ってもらうことが大事です。自分を知ってもらう――人生という旅路に同伴してくれる人に自分をさらけ出すことです。自分の代わりに決断してくれる人ではありません。同伴してくれる人です。傷つきやすい部分は、実は真に豊かな部分です。わたしたちには、傷つきやすい部分がたくさんあります。皆そうです。それは真に豊かな部分であり、そこを大事にし、受け入れなければなりません。その部分を神に差し出せたなら、優しさ、いつくしみ、愛がもてるようになるからです。自分の弱さを感じることのできない人たちは不幸です。その人たちは無情で独裁的です。対して、自分の弱点を謙虚に認めている人は、他者に対して理解があります。あえてこういいますが、このもろさが人間らしさです。荒れ野でのイエスの三つの誘惑の一つ目、飢えに関連するものが、この弱点を、取り除くべき悪、神のようになるための妨げとして奪い取ろうと試みるものであったのは偶然ではありません。ですがこれは、わたしたちのもっとも貴重な宝物です。まさに神は、わたしたちをご自分に似たものとするために、わたしたちの弱さを完全に分かち合いたいと望まれました。十字架を見てください。神は、まさに弱い者そのものとなられるまでに身を低くされました。ご降誕の場面を見てください。人間のいちばん弱い者として来てくださいました。わたしたちの弱さを分かち合われたのです。

そして霊的同伴は、それが聖霊に従ってのものならば、自分自身について考えるうえでの、また主との関係についての、その人の思い違いを、たとえそれが深刻なものであっても、解いていくための助けとなってくれます。福音書には、イエスによって明らかにされ、解放となる会話の例が数々書かれています。たとえば、サマリアの女性との会話を思い出してください。わたしたちはこれを何度も何度も読んでいます。読むたびに必ず、その教えに触れ、イエスの優しさを知ります。ザアカイとの会話を、罪深い女との会話を、ニコデモとの、そしてエマオに向かう弟子たちとの会話を思い浮かべてください。そこにある、主の歩み寄り方を考えてみてください。真にイエスと出会った人々は、心を開くこと、自分の傷つきやすい部分、弱点、もろさを見せることを恐れません。このように、自分を分かち合うことが、救いの体験に、無償で受け入れられるゆるしの体験となるのです。

だれかを前に、自分が生きてきたものについて、または探し求めているものについて語ることで、自分自身が明瞭になってきます。自分の中に潜み、しつこく立ち現れて、困惑させることも少なくなかったさまざまな思いが鮮明に見えてきます。希望が見えないときに、次のような思いが何度浮んだことでしょう。「何もかも、だめだったた。わたしなんて価値がない。分かってくれる人なんていない。どうせだめ、もうおしまい」。何度こんなふうに思ってしまったでしょう。間違っていて毒になる考えが、だれかとともに検証することで解き明かされていきます。そうしてわたしたちは、ありのままで、主に愛され、大切にされていると感じるようになり、自分も主のためによいことができるのだと実感するのです。物事の異なる見方や、自分の中にずっとあり続けていた恵みのしるしを、驚きをもって見いだすからです。自分の弱さをだれかと、人生の同伴者、霊的生活の同伴者、霊的生活の師――信徒であれ、司祭であれ――と分かち合い、まさしくこういってもよいのです。「わたしがどうなっているか見てください。みじめなわたしです。これこれ、こんなふうになっています」と。すると同伴者はこたえます。「それですね、わたしたち皆に、そうしたことがありますね」。このやり取りのおかげで、自分の中のことがはっきりして、その根はどこにあるかが見えてくるので、乗り越えられるようになるのです。

同伴者は、主の代わりではありませんし、当人に代わって何かをするわけではありません。そうではなく当人と並んで歩み、当人が、自分の心の中――まさしく神が話しておられる場――にうごめくものを読み取れるよう、励ましを与える人です。霊的同伴者は、霊的指導者と呼ばれることもありますが、わたしはこの言い方は好きではありません。霊的同伴者というほうがよいと思います。霊的同伴者は、あなたにこう告げる人です。「いいですよ、でもこの部分を見てご覧なさい。この部分が見えますか」。そういって、見落としてしまったかもしれない部分に、あなたの注意を向けます。そうして時のしるしを、主の声を、誘惑者の声を、乗り越えられない困難の声を、よく聞き分けられるよう助けてくれます。ですから独りで歩まないことがとても重要です。アフリカのことわざがあります。アフリカには部族の神秘思想があるからですが、このようなことばです。「早く行きたいなら、独りで行きなさい。確実に行きたいなら、人と一緒に行きなさい」。連れ立って行きなさい、仲間と行きなさい――。大事なことです。霊的生活においては、自分のことを分かってくれて、助けてくれるだれかに同伴してもらうほうがいいのです。そしてそれが、霊的同伴です。

こうした同伴は、そこで師弟の間柄となり霊的兄弟のきずなを味わえたなら、双方にとって豊かな実を結ぶでしょう。自分たちが神の子どもだと気づくのは、自分たちが兄弟姉妹であり同じ父をもつ者だと分かるときです。ですからぜひ、歩を進める共同体の一員であってほしいのです。わたしたちは独りではありません。動きのある、民族に、国に、都市に属しています。教会に属し、小教区、何らかの集団、……ともかく、旅する共同体に属しているのです。人は独力で主のもとに行くのではありません。それでは進めません。それを、しっかり理解しなければなりません。中風《ちゅうぶ》の人がいやされる福音箇所にもあるように、わたしたちはしばしば、自分を前に押し出してくれるほかのだれかの信仰によって、支えられ、いやされています（マルコ2・1―5参照）。だれもが時に内的に中風を患い、そのもどかしさから脱却するのを助けてくれるほかのだれかを必要としているのです。人は独力で主のもとに行くのではない、そのことを胸に刻みましょう。別のときには、ほかの兄弟姉妹のために、その責務を引き受ける側になります。同伴者となって、ほかの人を助けるのです。師弟や兄弟的つながりの経験になっていなければ、同伴は、非現実的な期待や勘違いを生じさせ、赤子のような依存に陥らせるものとなってしまうでしょう。しかし霊的同伴とは、同じ神の子として、兄弟姉妹として行うものなのです。

おとめマリアは識別の名人です。――多くを語らず、多く耳を傾け、すべて心に納めておられます（ルカ2・19参照）。聖母の三つの姿勢は、多くを語らず、多く耳を傾け、すべて心に納める、です。そして数少ない聖母のことばは印象的です。たとえばヨハネの福音書には、マリアのごく短いことばがあります。これはいつの時代も、キリスト者が受け止めるべきことです。「この人が何かいいつけたら、そのとおりにしてください」（2・5）。いい話があります。昔、高齢の、とても善良で敬虔なご婦人の話をうかがったことがあります。神学を学んだわけでもない、まったく飾らないかたで、こういわれました。「聖母がつねに何をされているかご存じですか」と。わたしが、分かりませんが、あなたに優しくしてくれたりとか、あなたを呼んでおられたりとかでしょうかというと、「そうじゃないわよ。聖母はこうしているのよ」といって、指さすポーズをしたのです。何のことだか分からなかったので、「どういう意味ですか」と尋ねました。するとそのかたは「指で、ずっとイエスを示しておられるのよ」と答えました。すばらしい、みごとですね。聖母マリアは、ご自分のためには何も求めず、ただイエスを指し示しておられます。イエスがいいつけたら、そのとおりにしなさい――。それが、聖母の姿です。マリアは、主がそれぞれの心に語っておられるのをご存じで、イエスのことばを行動や選択に生かしてほしいと望んでおられます。マリアはそのやり方をだれよりもご存じでした。だからこそイエスの人生の決定的な瞬間に立ち会っておられます。その極め付きが、十字架上での死という究極の時です。

愛する兄弟姉妹の皆さん。これにて識別についての連続講話は終わります。識別は技術であり、身に着けることのできる技術で、固有の規範があります。しっかりと覚えたなら、よりいっそう美しく、まっすぐ筋を通して、霊的経験を歩んでいけるでしょう。何より、識別は神からのたまものです。自分はもうベテランで、自分のことは自分でできると勘違いせずに、つねに願わなければならない恵みです。主よ、人生の折々に、なすべきこと、知るべきものを見極める、識別の恵みを与えてください。見極める恵みをお与えください。識別を助けてくれる人を、わたしに与えてください。

主の声は、必ず聞き分けることができます。唯一無二の特徴があるからです。困難なときでも、落ち着かせ、励まし、安心させる声です。福音書は、止むことなく言い続けています。「恐れることはない」（ルカ1・30）。天使がマリアにかけたこのことば、何と美しいのでしょうか。「恐れることはない」、「恐れるな」、これこそが主の特徴です。「恐れてはならない」、「恐れるな」。主は、今日も言い続けておられます。「恐れることはない」。主のことばに信頼すれば、人生という勝負にしっかりと向き合えるようになり、また、他者を助けることができるはずです。詩編が歌うとおりです。そのみことばは、わたしの道の光、わたしの歩みを照らすともしび（119・105参照）――。

（二〇二三年一月四日、パウロ六世ホールにて）

【付録】ローマ教区民の集いでの講話

愛する兄弟姉妹の皆さん、おはようございます。

ご存じのとおり――承知しておられることを申し上げますが――、まもなくシノドスの行程が始まります。一つのテーマ「ともに歩む教会のため――交わり、参加、そして宣教」に、全教会が取り組む旅です。三本柱になっています。二〇二一年十月から二〇二三年十月にかけて、三つのステージの開催を考えています（訳注：当初シノドスは二〇二三年十月の総会をもって締めくくる予定だったが、その後二〇二一年十月十六日の教皇の発表により、総会を二会期にわたって行うため、二〇二四年十月まで延長されることになった）。この旅路は、互いに耳を傾けるというダイナミズムだと思っています。強調したいのは、教会のあらゆる次元で、神の民すべての関与をもって行われる、互いに耳を傾けることのダイナミズムだということです。ローマ司教総代理と補佐司教らは、互いに耳を傾け合う必要があります。司祭たちも互いに聞かなければなりません。修道者もそうです。信徒も互いに耳を傾けなければなりません。ですから全員が聞き合うことです。互いに耳を傾けることは、互いが語り、互いが聞くということです。意見聴取ともまた違います。そういうものではありません。これは調査ではないのです。大事なことは、聖霊に耳を傾けるということです。黙示録に「耳ある者は、〝霊〟が諸教会に告げることを聞くがよい」（2・7）とあるようにです。耳を澄ませること、聞くこと、これが最初の責務です。それは神の声を感じ取ること、その存在を捉えること、神が通る気配といのちの息吹を察知することです。神が、いつだって驚かせる神であられること、その訪れ方や気づかせ方にすら驚きの方法を取られることに気づいた預言者エリヤのようにです。

「非常に激しい風が起こり、山を裂き、岩を砕いた。しかし、風の中に主はおられなかった。風の後に地震が起こった。しかし、地震の中にも主はおられなかった。地震の後に火が起こった。しかし、火の中にも主はおられなかった。火の後に、静かにささやく声が聞こえた。それを聞くと、エリヤは外套で顔を覆い、出て来て、洞穴の入り口に立った」（列王記上19・11―13）。

そうです、神はこのようにわたしたちに語りかけます。ですからこの「静かにささやく声」――「かすかにささやく声」（フランシスコ会訳）と訳されているものもありますし、訳者によっては「そよ風の音」（バルバロ訳）とも訳します――、この神のささやく声を聞くために、耳を整えなければなりません。

行程のステージ一（二〇二一年十月―二〇二二年四月）は、それぞれの教区の教会がかかわる歩みです。それでこうしてわたしは、皆さんの司教として、ローマ教区が信念をもってこの歩みに打ち込めるよう、皆さんと分かち合っております。教皇の教区が、これにかかわらないのは恥ずかしいことです。教皇にとって恥ですし、皆さんにとっても恥です。

シノダリティというテーマは、教会論の専門書の一項目でもなければ、まして一過性の流行でも、わたしたちが会議で用いるスローガンや新語でもありません。違います。シノダリティは、教会の本質、教会の形態、様式、使命を表すものです。ですからシノドス流の教会について話していきたいのですが、その際、これを数ある項目の一つとして並べ、別様のあり方があるかのように考えることは退けます。こう申し上げるのは、神学的見解に基づいてのことではありませんし、まして個人的見解でもありません。教会論の基礎であり最重要「マニュアル」である、使徒言行録の考察に従った結果です。

「シノドス」という語は、わたしたちが理解しなければならないすべてを含意しています。「ともに歩む」ということです。使徒言行録は、エルサレムから始まり、サマリアとユダヤを経て、シリア、小アジア、ギリシアといった地を巡り、ローマに至る旅の記録です。この旅路は、神のことばと、そのことばに関心を寄せた人や信じた人が、ともに歩んだ旅行記です。神のことばが、わたしたちとともに歩むのです。全員が主役です。ただの脇役でいてよい人はいません。重々承知しておいてください。全員主役です。もう、教皇、ローマ司教総代理、補佐司教たちが主演なのではありません。わたしたち全員が主役です。ただの端役とされる人はどこにもいません。当時、教役者はまだ、真に奉仕者であると考えられていました。そして権威は、神の声と民の声――両者は切り離しえないもの――に聞くことから生じるとされており、権威を授かる者は「下に」留め置かれました。愛と信仰の奉仕が帰するべき、生の場である「下」にです。ですがその旅行記での往来は、地理的空間の通過だけではありません。そこには、止まることのない内的な落ち着きのなさが表れています。内的な落ち着きのなさ、これが鍵となることばです。キリスト者がこの内的な落ち着きのなさを失ったら、それを味わえなくなったら、何かを見失っている証拠です。この内的な落ち着きのなさは信仰から生じるもので、何を行うのが最善か、何を変え、何を変えずにおくのかを判断するよう促すものです。この旅行記が教えてくれるのは、じっとしたままでいるのは教会にとってよくない状態だということです（『福音の喜び』23参照）。それに動きは、この旅行記の監督である聖霊への従順の結果です。この書では全員が、揺れ動く心をもった、じっとなどしていないメインキャストです。

ペトロとパウロは、単に独自の個性をもった二人というだけではありません。彼らは、本人たちを越え出て、出来事とのかかわりを通して自分たちを顧みることができる、広い地平に結ばれたビジョン、揺さぶりを引き起こす衝撃のあかしです。揺さぶり——、これは、胸に刻むべきもう一つのことばです。揺さぶりにより、果敢になり、問い、考え直し、失敗し、失敗から学び、そして何よりも、困難にあっても希望をもつのです。二人は聖霊の弟子です。聖霊は彼らに、神の救いの地理学を見いださせ、扉を開き、窓を開き、壁を壊して鎖を断ち、境界線をものともしないようになさいます。ならば、わたしたちを押さえつけ、動き回ることや、ともに歩むことを阻むような信念からは離れ、方向転換をし、脱していく必要があるはずです。

聖霊は、気の進まないペトロの背を押し、異教の百人隊長であるコルネリウスの家に向かわせます。思い出してください。ペトロは悩まされる幻を見ました。清くないとされる物を食べるよう促されたのです。神が清められた物はもはや汚《けが》れてはいないと保証されているにもかかわらず、なお覚悟できずにいます。思案に暮れていると、そこにコリネリウスが遣わした三人が到着します。コルネリウスもまた幻を見、メッセージを受け取っています。この人はローマの士官で、信仰に厚く、ユダヤ教に共感しつつも、完全にはユダヤ教徒にもキリスト教徒にもなっていませんでした。いかなる宗教「税関」も彼は通過できなかったのでしょう。コルネリウスは異邦人ではありましたが、その祈りは神に届いていること、そして自分の家に招きたいと人を遣わしてペトロに伝えよ、という啓示を受けます。どっちつかずでいる中、ペトロは納得できないままでいて、コルネリウスは気をもみつつ待つ中で、ペトロのためらいを取り払い、宣教の新たなページを開いてくださったのは、霊であるかたです。まさに聖霊はこのように働いておられるのです。この二人の出会いによって、キリスト教におけるもっとも美しいフレーズの一つが生まれます。コルネリウスはペトロを出迎えて足元にひれ伏しますが、ペトロは彼を起こしていいます。「お立ちください。わたしもただの人間です」（使徒言行録10・26）。ですから、わたしたち皆でこういわなければなりません。「わたしはただの人間です」と。わたしたち全員、司教であろうが、皆こういうべきなのです。「お立ちください。わたしもただの人間です」。聖書本文は、ペトロが彼とざっくばらんに話していることを伝えています（27節参照）。キリスト教はつねに、人間らしさのある、人間味あるもので、違いや隔たりを打ち解けたものへと、近しいものへと変えることで、そのわだかまりを解くものであるはずです。教会の諸悪の一つ、むしろ堕落というべきか、それは、司祭、司教を世間の人から引き離す聖職者主義です。世間の人から切り離されている司教と司祭は、官僚であって司牧者ではありません。聖パウロ六世は好んでテレンティウスの金言を引用しました。「私は人間だ。人間のすることは何ひとつ私にとって他人事とは思わない」（城江良和訳「自虐者」、『西洋古典叢書 ローマ喜劇集5』京都大学学術出版会、二〇〇二年、一二六頁）。ペトロとコルネリウスの出会いによって問題が解消し、異邦人に向けてためらうことなく、ペトロのことばを借りれば「神は人を分け隔てなさらない」（使徒言行録10・34）という確信をもって、のべ伝える決意が促されたのです。神の名のもとに分け隔てはありえません。そして、わたしたちの間での分け隔ても罪です。「わたしたちは清き者だ、選ばれた者だ、こちらの、すべてを知っている側だ……」と。いけません。わたしたち全員でもって教会なのです。

よろしいですか。この幅をもった空間、決して境界線を引かない、間口の広い場所に言及せずに、「カトリシズム」を理解することはできないのです。教会であるということは、神のこうした懐の深さに加わることです。さて、使徒言行録に戻ります。増加するキリスト者をどうまとめるかを巡る諸問題、なかでも、貧しい人たちの窮状への対処という問題があります。やもめたちがないがしろにされているとの指摘が上がります。解決策は、弟子たちが一堂に会し、フルタイムで食卓のディアコニア、奉仕者として従事する七人を任命するという決定を皆で行ったことにより見いだされます（使徒言行録6・1―7）。このように、識別をもって、必要に合わせて、生活の現実と聖霊の力をもって、教会は前に進み、ともに歩んでいく、それがシノドス流なのです。ですがそこには必ず聖霊がおられます。教会のいちばんの主役です。

さらに、異なる視点や期待の検討もあります。それが今日でも生じることを恐れる必要はありません。そうなれば、同じように論じ合えるでしょう。それは、聖霊に素直に従い、ゆだねていることのしるしです。劇的なところにまで至る衝突が生じることもあるでしょう。異邦人の割礼問題に直面したときに生じた、わたしたちがエルサレム会議（最初の教会会議）と呼ぶものでの決定に至るような衝突です。今日も同じように、状況を検討する際、神の寛容（ギリシア語 makrothymía「長い／幅のある」＝マクロスと「心」）、つまり辛抱強く見つめる目――ここから深いまなざし、広い視野、見通す目が身に着くようになります――を封じるような、硬直したやり方があります。神ははるか遠くまで見ておられるかたで、急《せ》いてはいません。硬直はまた別の堕落で、辛抱強いかたである神に対する罪、神の統治に反する罪です。現代にもそれはあります。

当時も同じことが生じていました。ユダヤ教からの改宗者の一部は、自己陶酔的に、モーセの律法に従わなければ救いはないと信じていました。イエスの名によって直接救いを告げたパウロに対し、それをもって異議を唱えたのです。このパウロの行動に対する抵抗によって、この間に改宗した異邦人の受け入れに困難が生じたようです。パウロとバルナバが、使徒と長老らによってエルサレムに遣わされます。厄介な問題です。この問題には、それぞれの立場に妥協点が見えず、議論は長引きました。神の行動の自由さと、そして倫理性と宗教の来歴がどうであれ、神が彼らの心を訪れることを妨げるものなどないということを、認めるかどうかの問題でした。事態は、「人の心をお見通しになる神」、心の病理専門医であるかたは、心について知っておられるということの明白さによって打開されました。神ご自身が、「わたしたちに与えてくださったように異邦人にも聖霊を与えて」（使徒言行録15・8）、異邦人も救いにあずかれる可能性をうべなっておられるのです。このように万人の思いを尊重することが広まり、行き過ぎに歯止めをかけます。ペトロのコルネリウスとの経験は大切なものとなったのです。だから最後の文書にあるのは、決定までのこうした歩みにおいて、聖霊が主人公であることのあかし、このかたはつねにその息吹をもたらしてくださるという知のあかしです。「聖霊とわたしたちは、次の必要なことがら以外、いっさいあなたがたに重荷を負わせないことに決めました」（使徒言行録15・28）。「わたしたち」――。このシノドスは、「聖霊とわたしたちは」といえるような道を歩んでいきます。皆さんは、聖霊の働きのもとで、互いの対話を、そしてまた聖霊との対話を続けるからです。次の聖句を忘れてはなりません。「聖霊とわたしたちは、次の必要なことがら以外、いっさいあなたがたに重荷を負わせないことに決めました」。聖霊とわたしたちは決めました――。皆さんは、このシノドスの歩み、このシノドスの旅での自身のあり方を、このように表せるよう努めなければなりません。聖霊がおられなければ、教区会議にはなってもシノドスにはなりません。わたしたちは教区会議をするのではありません。あの件やこの件についての研究会を開くのでもありません。違います。わたしたちは、互いに耳を傾ける旅、聖霊に聞く旅、話し合う旅、聖霊とも話し合う旅、つまり祈りの道の途上にあるのです。

「聖霊とわたしたち」――。つねにこれです。代替的教会論を持ち出して、わたしたちだけでやっていこうという誘惑があるとしてもです。数々存在する代替的教会論とは、天に昇られた後、主は余地を残されており、そこを埋めるのはわたしたちだというものです。そうではありません。主はわたしたちに聖霊を与えてくださったのです。いいですか、イエスのことばは明確です。「わたしは父にお願いしよう。父は別の弁護者を遣わして、永遠にあなたがたと一緒にいるようにしてくださる。……わたしは、あなたがたをみなしごにはしておかない」（ヨハネ14・16、18）。この約束を果たすために、教会は秘跡なのです。『教会憲章』1が述べるとおりです。「教会はキリストにおけるいわば秘跡、すなわち神との親密な交わりと全人類一致のしるし、道具である」。エルサレム会議のあかしのまとめとなるこの表現は、神の代わりを務めようと意固地になり、教会を自分たちの文化的・歴史的信念に基づくものに仕立て、フロンティアを無理やり武装化し、罪を定める税関所に、神のかかわる行為の無償性を冒瀆する霊性にしてしまう者たちへの反駁を含んでいます。教会が神の無条件の愛を、その歓待の度量を、ことばと行いをもってあかしするならば、それはまさに己のカトリック性の表現となります。それによって教会は、内からも外からも、あらゆる時代、あらゆる場所に存在するよう突き動かされます。聖霊による突き動かしと力です。「あなたがたの上に聖霊が降《くだ》ると、あなたがたは力を受ける。そして、エルサレムばかりでなく、ユダヤとサマリアの全土で、また、地の果てに至るまで、わたしの証人となる」（使徒言行録1・8）。聖霊の力を受けてあかし人となる――これこそわたしたち教会がたどる道であり、この道を進むならば、わたしたちは教会となるのです。

シノドス流の教会とは、この約束――聖霊はわたしたちとともにいる――を表す秘跡の教会であることで、聖霊との親しさを、そして来る世界との親しさを深めることによって現れていくものです。議論はいつだって起きます。でも神のおかげで、解決を見るのは、神に語り、またわたしたちの間で神に語っていただくことによって、また祈り、周りのすべてに目を開かせていただくことによって、福音に忠実に生きることの実践によって、そして使徒言行録で始まった道を守るすべを知る旅の解釈法に沿い、啓示を確認することによってなのです。大事なのは、理解のしかた、解釈のしかたです。道の解釈学、すなわち道を続ける解釈法です。公会議の後に始まった道なのでしょうか。違います。最初の使徒たちから始まり、今も続いている道です。立ち止まってしまえば、もはや教会ではありません。聖霊をかごに入れてあがめる美的な信心会のようなものです。使徒言行録で始まった道を守ることのできる旅の解釈法です。さもなければ聖霊が貶《おとし》められてしまいます。以前にも話しましたが、グスタフ・マーラーは、伝統を守り抜くとは灰の崇拝ではなく、火を守ることだといいました。皆さんにお尋ねします。このシノドスの歩みを始める前、いちばん心がけていたのは何ですか。教会の、いうなれば自分の仲間たち、兄弟会といったものの灰を大事に守ることですか、それとも火を守ろうとしましたか。自分たちに関するものを、自分たちだけのものを礼賛していませんでしたか。自分はペトロ派だ、パウロ派だ、この会のメンバーだ、あなたたちはあちらのグループだ、わたしは司祭だ、司教だと……。それとも、聖霊の火を守る召し出しが聞こえているでしょうか。グスタフ・マーラーは偉大な作曲家ですが、こうした考察を重ねた知の巨匠でもあります。『神の啓示に関する教義憲章』8は、ヘブライ人への手紙を引用してこう述べています。「神は、かつて多くのかたちで、また多くのしかたで先祖に語られたが（ヘブライ1・1）、今は愛する子の花嫁と不断に語っている」。人間の成長と、世代から世代へと受け継がれていく伝統とを対比させ、「信仰の遺産」は、それを進展させることなしには守られないということをいう、レランスの聖ヴィンチェンツィオの妙句があります。「年とともに堅固なものとされ、時とともに豊かにされ、時代とともに崇高なものとなる（Ut annis scilicet consolidetur, dilatetur tempore, sublimetur aetate）」（『第一備忘録』23・9［『毎日の読書第7巻　年間4』カトリック中央協議会、一九九一年、一一七頁］）。これが、わたしたちの歩みのスタイルです。現実は水のようなものですから、歩み続けなければなりません。神学的現実は水のようなものなのです。水は流れずによどむと、すぐ腐ってしまいます。よどんだ教会は腐敗していきます。

わたしたちの伝統はパン種の入った生地のごとく、膨らんでいくのが分かる発酵中の現実であり、生地は中でうごめいていても一つにまとまっているのがお分かりと思います。ともに歩むことで、真のまとまりに至るのです。やはり使徒言行録は、一つにまとまることは違いを排するのではないことを示し、わたしたちを励ます書です。言語の違いが障壁にはならない、聖霊降臨の驚嘆です。同胞ではない者どうしであっても、聖霊のわざにより「めいめいが生まれた故郷のことばを聞く」（使徒言行録2・8）のです。故郷のようなくつろぎ、異なる者であっても、道を同じくする連帯者です。話が長くなって申し訳ないです。ですが、シノドスはとても大事です。なので存分に語らせてください。

シノドスの行程に話を戻しますと、教区ステージはとても重要です。洗礼を受けている者たちの総体、すなわち信仰において誤ることのない信仰の感覚《センスス・フィディ》の主体に、耳を傾けることにかかわるものだからです。指導者と従う者、教える側と教わる側が厳格に区別される教会の姿を覆すには、強い抵抗があります。神は、身分を逆転させるのを好むかただというのを忘れているのです。「権力ある者をその座から引き降ろし、身分の低い者を高く上げ」（ルカ1・52）とマリアはおっしゃいました。ともに旅すると、その列は縦になるのではなく、地平のように横に広がる形態を取ります。シノドス流の教会は、太陽キリストが昇る地平を回復させます。位階的な記念建造物を建てれば、その地平は覆われてしまいます。牧者は民とともに歩むのです。わたしたち司牧者は、時に先導し、時に民の真ん中で、時には背後について、民とともに進みます。よき牧者はこのように動かなければなりません。導くために前に立ち、励ますためにはそのただ中に立ち、群れの匂いを記憶し、そして後ろにつきます。民にもまた「嗅覚」があるのです。進むべき新たな道を見極める、あるいは見失った道を見いだす嗅覚が備わっています。司教たちに対しても、教区司祭に対しても、強調したいのはここです。シノドスの中での自分の歩みを省みてください。「さてわたしは、歩き回っていただろうか、前に、中に、後ろにと、動き回っているだろうか。それともミトラとバクルス（司教の儀式用の帽子と杖）を離さずに椅子に掛けているだけではないのか」。群れにもまれている牧者ですが、牧者であって、群れではありません。群れの羊は、わたしたちが羊飼いだと知っています。群れは違いを知っています。道を示すべく前に立ち、民の感じているものを知るべく中に入り、遅れを取る小さなものを支えるべく後ろにつき、民がその嗅覚でよい牧草地を見分けられるようにするのです。

信仰の感覚《センスス・フィディ》が、すべての人をイエス・キリストの預言職という特権の資格者としま（『教会憲章』34―35参照）、今ここにおいて福音の道はどれなのかを識別できるようにします。それは羊の「嗅覚」ですが、救済史において、主なる神である羊飼いに対し、わたしたちは皆羊であることを忘れてはなりません。このイメージは、こうした「嗅覚」を支える二つのものを理解するのに役立ちます。一つは個人のもの、もう一つは共同体に関するものです。わたしたちは羊であり、群れの一部です。群れはここでは教会です。ここ数日、「教会の祈り」の読書課でアウグスティヌスによる牧者についての説教が読まれています。そこで彼はこういっています「わたしはあなたがたとともに羊であり、あなたがたのために羊飼いである」。この二つの面、個人に関することと教会に関することとは、不可分に結びついています。それは教会の生活――カトリック的な行動に限定されはしませんが――に参与のない信仰の感覚《センスス・フィディ》はあるはずがなく、何より、「キリストが抱いておられた思い」（フィリピ2・5［フランシスコ会訳］）によって養われていく「感覚」であるはずです。

信仰の感覚《センスス・フィディ》の行使は、あれこれの話題や、教義の個別の部分や、規律規範について抱きうるわたしたちの意見の交換や討論に矮小化《わいしょうか》すべきではありません。そうしたことは手立てであり、調書であり、教義や規律の表現です。多数派と少数派を見極めようとする意図が優位であってはなりません。それをするのは議会です。「退けられたもの」が「親石」となること（詩編118・22、マタイ21・42参照）がどれほどあったでしょう。「遠く離れていた」者が、「近い者」（エフェソ2・13）となったことは少なくありません。疎外された者、貧しい者、絶望の淵にある者が、キリストの秘跡として選ばれています（マタイ25・31―46参照）。教会とはそういうものです。一部の集団が頭角を現す存在になろうとすると、その結末はつねに不調和を来し、主の救いを否定することや、異端にさえ至ってきました。ペラギウス主義やそのあとのジャンセニスムのように、教会の前進を掲げた異端を思い出してみてください。どの異端もろくなことにはなりませんでした。グノーシス主義やペラギウス主義は、教会にとってずっと誘惑であり続けています。当然のことではありますが、わたしたちは、すべてをもって典礼祭儀に敬意を示すべく心を配っています。しばしば自己満足に陥ることがあったとしても、それはよいことです。しかし、そんなわたしたちに聖ヨハネ・クリゾストモが警告しています。「キリストのからだを本当に尊びたいのですか。その四肢の中に、つまり裸でいる貧しい人たちの中におられるかたを、見下してはなりません。外では、裸のまま寒さに苦しむそのかたを見捨てておきながら、聖堂で絹の衣をまとって、そのかたをたたえてはなりません。このかたは「これがわたしのからだである」といわれ、ことばをもって出来事を確認すると、こうもいわれました。「お前たちは、わたしが飢えていたときに食べさせなかった」、「このもっとも小さい者の一人にしなかったのは、わたしにしてくれなかったことなのである」」（『マタイ福音書講話』50・3）。

「いやいや神父さん、何をいっているのですか。貧しい人、物乞い、若い麻薬依存症者、こうした社会から見捨てられた人全員も、シノドスの一員なのですか」。友よ、そのとおりです。でもそれは、わたしが言い出したことではなく、主がいっておられることです。彼らは教会の一員です。あなたが彼らを招かないかぎり――招く方法はまだ分かりませんが――、また彼らのもとへ行ってともに過ごす時間をとって、そしりを受けようとも、彼らのことば以上に彼らの思いに耳を傾けないかぎり、シノドスがふさわしく進んでいるとはいえません。シノドスには制約があり、それはすべての人を含めるということです。シノドスはまた、わたしたちの悩みについて話し合う場でもあります。あなたがたの司教であるわたしの悩み、補佐司教たちの悩み、司祭の悩み、信徒の悩み、会に属する人たちの悩みです。こうした悩み全部です。それなのに――かぎ括弧でくくりますが――、「社会の」悩み、「切り捨てられた人たち」の悩みをそこに含めないなら、わたしたちは自分の悩みをどうにもできないでしょう。大事なのは、弁解したりせずに、自分の悩みを会話の中で打ち明けるということです。心配無用です。

神の約束の受託者である、唯一の偉大な民の一員だという実感がもてなければなりません。すべての民のために神が用意してくださる宴《うたげ》にだれもが招かれている、未来についての約束です（イザヤ25・6参照）。「神の民」という概念すらも、排他的で特権的な発想にとらわれていると、厳格で分断を生むような解釈となりうる点について、ここで指摘しておきたいと思います。「選ばれた」という概念もそうでした。預言者たちによって正され、正確にはどんな意味かが示された概念です。神の民であるということは、特権ではなく授かった恵みです。自分のためにでしょうか。違います。すべての人のための恵みです。差し出すために受けた恵みです。それが召し出しです。すべての人のために受ける贈り物です。ほかの人たちのために、わたしたちはそれを授かったのです。責任を伴う贈り物なのです。神の偉業を、ことばでだけでなく行いを通してあかしする責任です。神のわざは、民にひとたび知られれば、その存在に気づき、それを迎えられるようにしてくれます。選ばれることは恵みです。問題は、キリスト者である自分の存在、キリスト者としての自分の告白、わたしはどのようにそれを贈ろうか、どのように差し出すのかということです。神のみ旨であるすべての人の救いは、歴史に、御子の受肉によって全人類に差し出されています。すべての人が、教会の仲介によって神の子どもとなり、それぞれが兄弟姉妹となるためです。神と人類との普遍的和解が果たされるのはその道であり、教会はそのしるしであり道具なのです（『教会憲章』1参照）。すでに第二バチカン公会議以前に、教父たちの丁寧な研究によって、神の民はみ国の実現のために、神によって造られ愛された人類の一致のために向けられているという考察が熟していました。使徒継承によってわたしたちが認識し経験している教会は、こうした万人のための選びとのつながりを自覚し、その使命を果たさなければなりません。その精神をもって、わたしは回勅『兄弟の皆さん』をつづりました。聖パウロ六世がいったように、教会は人類の師であり、今日では兄弟愛の学びやとなろうとしているのです。

なぜこんな話をしているのでしょうか。それは、シノドスの道では、耳を傾けるうえでは信仰の感覚《センスス・フィディ》を大切にしなければならないことに加え、予期せぬ場所に現れ出る「予感」のすべてを軽んじてはならないからです。それらは「門外漢の嗅覚」かもしれませんが、的確性に変わりはないのです。聖霊の自由さには敷居などなく、身分証による区分けなどには目もくれません。小教区が、近隣地域のすべての人の家であるなら、会員制のクラブではないのなら、どうかお願いです。扉を閉めないでください。窓を開け放ってください。自分の仲間や考えの同じ人――それはわずか三、四パーセントか五パーセント程度の人にすぎません――だけを大事にするのはやめてください。だれもが入って来られるようにしてください。外へ向かう人でいてください。問われる人でいてください。人々の問いを自分ごととして受け止められるようでいてください。ともに歩む人でいてください。聖霊があなたがたを導いてくださいます。聖霊に信頼してください。話し合うことを恐れてはなりません。話し合うことで、考えが動かされてもいいのです。それが救いの対話です。

失望せずに、驚く覚悟をもつことです。民数記には、神の預言者となったろばの物語があります（22章）。ヘブライ人は約束の地に至る長旅を終えようとしています。移動する彼らに恐れを抱いたモアブの王バラクは、争いを避けるためにバラムの呪術の力にすがり、ヘブライの民を追い払おうとします。呪師バラムは、彼なりの信仰をもっており、どうすべきかと神に問います。神は、王に従ってはならないと彼にいわれますが、執拗《しつよう》な王に根負けしたバラムは、請われた旅へとろばに乗って出発します。ところがろばは、神の怒りを伝える、抜き身の剣《つるぎ》を手にして現れた天のみ使いを見て、方向転換をします。バラムは手綱《たづな》を引き、ろばを打ちましたが、道に戻すことはできませんでした。ろばが口が利けるようになり話し出すと、呪師の目は開かれ、呪いと死を招く己の使命を、祝福といのちの使命へと転換させるのです。

この物語は、聖霊は必ずご自分の声が聞こえるようにしてくださるのだから、それを信頼するよう教えてくれます。ろばでさえも神の声になることができ、わたしたちの目を開いて踏み外した道を変えることができるのです。ろばにそれができるのなら、洗礼を受けている人に、司祭に、司教に、教皇に、どれほどのことができるでしょうか。全被造物を用いてわたしたちに語りかけておられる聖霊に、ひたすら信頼することです。このかたは、しっかり聞くために耳を澄ましているようにと、ただただ呼びかけておられます。

わたしがこの場に来たのは、皆さんがこのシノドスの行程を真剣に受け止めるよう力づけるためであり、聖霊が皆さんを必要としていることを伝えるためです。間違いなく、聖霊は皆さんを必要としています。互いに耳を傾けることによって、そのかたの声を聞いてください。だれも追い出したり、置き去りにしたりしてはいけません。それはローマ教区のためになり、教会全体のためになることです。教区や教会の強化は、機構改革だけではかなえられません。それだけで強くなるというのなら、それは大いなる幻想です。指示を出すことで、黙想会や会議を開催することで、指針や要綱を提供することで、堅固になるわけではありません。それらも有益ではありますが、それだけでは足りないのです。わたしたちはともに歩む一つの民であり、わたしたちどうしで、そして全人類とともに歩むのだと気づくのであれば、それが果たせるのです。ローマの民とは、そこにありとあらゆる人、あらゆる境遇という多様性を含む一つの民なのです。なんと途方もない豊かさ、そしてそれゆえの複雑さでしょうか。とにかく、近しい三、四パーセントの人から脱して、ほかの人たちに耳を傾けるためにさらに先へと行かなければなりません。時にはそしりを受け、追い払われるかもしれませんが、それでも、わたしたちの側のものを押しつけずに、彼らの考えに耳を傾けなければなりません。聖霊がわたしたちに語ってくださいますように。

このパンデミックの渦中で、主はケアの秘跡という教会の使命を推し進めておられます。世界は脆弱《ぜいじゃく》さを露わにして、叫びを上げています。世界にはケアが必要です。

頑張っていきましょう。ありがとうございます。

（二〇二一年九月十八日、パウロ六世ホールにて）

Catechesis on Discernment
To the Faithful of the Diocese of Rome

ペトロ文庫

識　別――教皇講話集

定価はカバーに表示してあります

2024 年 4 月 5 日　第 1 刷発行
2024 年 7 月 25 日　第 2 刷発行

日本カトリック司教協議会認可

著　者　教皇フランシスコ
編訳者　カトリック中央協議会事務局
発　行　カトリック中央協議会
〒135-8585 東京都江東区潮見 2-10-10 日本カトリック会館内
☎03-5632-4411（代表）、03-5632-4429（出版部）
https://www.cbcj.catholic.jp/

印刷　株式会社精興社

ISBN978-4-87750-250-8 C0116

乱丁本・落丁本は、弊協議会出版部あてにお送りください
弊協議会送料負担にてお取り替えいたします

ペトロ文庫発刊にあたって

カトリック中央協議会事務局長　酒井俊雄

カトリック中央協議会の主要な任務の一つは、カトリック教会の教義をひろめ、信者を教化育成し、布教の推進を円滑にするための業務および事業を行うことにあります。とくに、教皇および教皇庁、また日本カトリック司教協議会の公文書を日本のカトリック教会と社会に向けて提供し続けることは、当協議会の重要課題であると自覚しています。

この使命を遂行するため、ここにペトロ文庫を発刊することとなりました。ペトロは、十二使徒のかしらであり、ローマの初代司教であり、カトリック教会の初代教皇です。使徒たちの後継者である司教は、ペトロの後継者である教皇との交わりのうちに、人々に奉仕します。とりわけ、信仰と道徳に関して教えるとき、つまり教導職を果たすとき、この交わりは不可欠です。そこで、カトリック中央協議会が新たに発刊する文庫に、初代教皇の名をいただくことといたしました。皆さまが教会公文書により親しむための一助となれば、望外の幸せです。

二〇〇五年十月